CABINET

D'ANTIQUITÉS

DE M. DE M***.

Ce Catalogue se trouve :

A PARIS, chez M. ROLLIN, 10, rue Vivienne;
— — MM. BROCKHAUS et AVENARIUS, libraires, 60, rue de Richelieu;
— — M. H. LABITTE, libraire, 11, quai Malaquais;
A LEIPZIG, BROCKHAUS et AVENARIUS;
A BRUXELLES, MUQUARDT;
A LONDRES, BLACK et ARMSTRONG;
A BERLIN, E. S. MITTLER;
A VIENNE, GEROLD;
A FLORENCE, VIEUSSEUX, PIATTI.

DESCRIPTION

DES

VASES PEINTS

ET DES

BRONZES ANTIQUES

QUI COMPOSENT LA COLLECTION

De M. de M***.

PAR J. DE WITTE,

MEMBRE DE L'INSTITUT ARCHÉOLOGIQUE DE ROME.

PARIS,

IMPRIMERIE DE FIRMIN DIDOT FRÈRES,

IMPRIMEURS DE L'INSTITUT DE FRANCE,

RUE JACOB, 56.

1839.

AVERTISSEMENT.

La précieuse collection d'antiquités dont nous offrons la notice au public, ne se recommande pas. tant par le nombre que par le choix des monuments qui la composent. En effet, dans cette réunion de vases peints, on trouve des échantillons de presque toutes les fabriques de l'Étrurie et de la Grande-Grèce. Un grand nombre de ces monuments est déjà connu, soit par des publications complètes, soit par les descriptions que j'en ai données dans mes *Catalogues du Cabinet Durand et du Musée du prince de Canino* (1). Le vase le plus remarquable à tous égards, n° 62, est celui décrit dans mon *Catalogue Durand* sous le n° 411. Ce magnifique cratère représente le

(1) Ce dernier *Catalogue* a été publié sous le titre de : *Description d'une collection de vases peints et bronzes antiques, provenant des fouilles de l'Étrurie.* Paris, 1837.

retour d'Éthra. Indépendamment de ce monument, les savants et les amateurs distingueront surtout plusieurs *rhytons* d'une grandeur extraordinaire, n°ˢ 100, 101, 102, 103; une coupe à fond blanc, n° 9, représentant *Minerve et Vulcain, qui président à la toilette d'Anésidora ;* une amphore de très-ancien style, n° 38, sur laquelle est peint le *combat d'Hercule contre Géryon*; enfin l'*Initiation*, n° 66, très-beau vase de la célèbre collection de feu M. E. Durand (1).

Paris, le 23 mars 1839.

J. DE WITTE.

(1) *Cat.* n° 430.

PRINCIPALES ABBRÉVIATIONS.

R., revers.

F., forme.

Peint. , peintures.

n. , noires.

r. , rouges.

j., jaunes.

bl., blanches.

Ext., extérieur.

Int., intérieur.

Les formes des vases sont indiquées sur une planche gravée au trait.

DESCRIPTION

DES

VASES PEINTS

ET DES

BRONZES ANTIQUES

FORMANT LA COLLECTION DE

M. DE M***.

I. VASES PEINTS.

A. DIVINITÉS.

---

1. MINERVE.

1 — Forme 33. (*Amphore à rotules*). Peintures jaunes et blanches. Trouvée dans la Pouille. — *Minerve* debout et casquée porte la lance et une phiale; près d'elle sont à droite son bouclier et à gauche un autel. La déesse est placée dans un édicule d'ordre ionique; aux extrémités du fronton est de chaque côté un sphinx. En dehors de l'édicule on voit les *Dioscures* et deux *Hiérodules* ou plutôt *Hilaïra* et *Phœbé*. Le *Dioscure* placé a droite est debout: il est coiffé du pétase, vêtu d'une chlamyde et armé d'un javelot; une branche d'o-

livier est devant lui. L'autre à gauche est assis ; il tient une lance et un piléus. La jeune fille à droite est assise sur un cube et tient une pyxis ; la seconde à gauche est debout et tient un rameau.

Sur le col du vase on voit les deux *Dioscures* à cheval venant au secours d'un guerrier renversé , qui a été attaqué par deux éphèbes à pied. C'est peut-être une scène de l'expédition des Argonautes.

R. *Bacchus* entre deux *ménades* et deux *satyres*.

Sur le col du vase est peint un combat entre trois *Grecs* et trois *Amazones* (1).

Haut., 27 pouces.

(1) Décrit dans mon *Catalogue Durand*, no 25, où l'on trouvera une description plus détaillée des sujets qui décorent ce vase. La peinture principale qui représente *Minerve* dans l'édicule sera publiée dans l'*Élite des monuments céramographiques*, PL. LXVII.

2. APOLLON.

2 — F. 17. (*Amphore bachique*). Peintures noires. Vulci. — *Apollon* citharède entre deux *Heures* ou *Muses*. Le dieu est vêtu d'une tunique longue et d'un manteau. Près de lui est une biche. Les deux *Heures* ont des tuniques talaires ; l'une tient des crotales et une branche de lierre, l'autre aussi une branche de lierre (1).

R. Un *satyre* et une *ménade*. Celle-ci est revêtue d'une tunique talaire et d'un péplus. Elle tient des crotales et une branche de lierre.

Sous le pied **ZP**.

Hauteur, 9 pouces 7 lignes.

(1) On connaît les nombreux rapports qui existent entre Apollon et Bacchus. Paus. X, 32, 5 ; cf. Gerhard, *Ann. de l'Inst. arch.* V, p. 188 et mon *Catalogue d'une collection de vases trouvés en*

Étrurie, p. 68, note 3. Quelques vases montrent *Bacchus* et *Apollon* réunis; c'est ainsi qu'on voit ces deux dieux sur une amphore inédite du Musée Blacas, qui sera publiée dans l'*Élite des monuments céramographiques*. Cf. l'Apollon Κισσεύς. Æschyl. *ap.* Macrob. *Saturn.* I, 18.

3. VÉNUS.

3 — F. 29. (*Cylix*). Peint. rouges. Vulci. — Extérieur. La toilette de *Vénus*. La déesse est assise au centre sur un trône vu de face, et tourne la tête à droite. Sous ses pieds est un *hypopodium* supporté par des griffes de lion. Une tunique en étoffe fine et un péplus forment son costume. Dans sa main gauche est la fleur *Pæderos* (1), de couleur pourpre. De chaque côté sont deux *Heures* ou *Grâces*. Celles à droite sont placées en regard. L'une tient un miroir; l'autre n'a pas d'attribut. De celles à gauche, l'une porte une fleur, peut-être le *Pothos* (2), et un lécythus. Les quatre nymphes ont des tuniques talaires et des péplus. Dans le champ est suspendu un lécythus. **ΗΟΓΑΙS ΚΑVΟS**, *le garçon est beau.* **ΚΑVΟS ΗΟΓΑΙS.** R. Les *Nymphes Méliades*. Au centre est un grand arbre, autour duquel sont trois nymphes à droite et deux à gauche. La première, à commencer de la gauche, porte une corbeille et s'éloigne de ses compagnes en se retournant vers l'arbre, près duquel est placée une seconde *Méliade*, qui cueille des pommes et tient aussi une corbeille pour y déposer les fruits. Une troisième, à droite de l'arbre, étend des deux mains un pan de sa tunique, pour recevoir les fruits qui tombent. Les deux dernières sont placées en regard l'une de l'autre; la première est voilée; la seconde tient de

la main droite une fleur semblable à celle que nous avons désignée sous le nom de *Pothos*, et dans la gauche une corbeille. Les tuniques talaires et les péplus de ces cinq nymphes sont les uns simples, les autres enrichis de broderies. Dans le champ, un vase à couvercle, placé sur une fenêtre et un lécythus. **ΗΟΓΑΙΣ ΚΑVΟΣ**, *le garçon est beau* (3).

Int. *Cyrène* ou *Erganè*, assise sur un siége, tient un fil; devant elle, une nymphe *Méliade*, debout, lui apporte une corbeille. Les vêtements de ces deux personnages consistent en des tuniques talaires et des péplus; la *Méliade* a la tête couverte d'une coiffe (4).

Diamètre, 12 pouces.

(1) Paus. II, 10, 5. Cf. ce que j'ai dit sur cette fleur dans les *Additions et corrections* à mon *Catalogue d'une collection de vases trouvés en Étrurie*. Je ne citerai à l'avenir ce catalogue que sous le titre de *Cat. étrusque*.

(2) Athen. XV, p. 679, D. Voyez Panofka, *Ann. de l'Inst. arch.* II, p. 346.

(3) Cf. une représentation analogue dans l'ouvrage de d'Hancarville, III, pl. cxxiii.

(4) Cette coupe est décrite dans mon *Catalogue étrusque*, n° 11. M. Gerhard (*Archäologisches Intelligenzblatt der allgemeinen Literatur Zeitung*, Halle, Januar 1838, S. 27) préfère voir ici un sujet familier et à l'extérieur la *toilette d'Hélène*, et au lieu des *Méliades*, une scène empruntée aux *Idylles* de Théocrite.

4 — F. 3. (*Aryballos sans anse*). Peint. jaunes. Basilicate. — *Vénus* et *Adonis*. La déesse est appuyée sur un labrum; elle est revêtue d'une tunique talaire sans manches. Dans sa main droite elle tient le tympanum, et dans sa gauche une large scaphé, une sphéra et un miroir. *Adonis* est entièrement nu; il est assis sur sa chlamyde posée sur un tertre. Une large tænie entoure ses cheveux. Sur sa main droite est posée une colombe; dans sa

main gauche est une pyxis. Entre les deux figures
sont une large tænie et un éventail. A côté du labrum, et au-dessus de la tête d'*Adonis*, on voit
une fleur de l'espèce de l'aster. En arrière d'*Adonis*
une large tænie, et, près de *Vénus* à terre, une
scaphé (1).

Haut., 7 pouces 6 lignes.

(1) Plusieurs vases peints montrent *Vénus* accompagnée d'un
éphèbe sans ailes qui remplace évidemment *Éros*. Dans ma *Lettre
à M. Gerhard, sur quelques miroirs étrusques*, insérée dans les
Nouvelles Ann., p. 511, j'ai déjà indiqué ces sujets, en disant que
je supposais que les amours de Vénus et d'Adonis devaient se trouver sur les vases. On en rencontre des exemples dans les ouvrages
de Millin, *Vases peints*, I, pl. L; II, pl. LVII; d'Hancarville, I, pl.
LXXI; Tischbein, II, pl. XXXII, ed. Florence; Millingen, *Vases grecs*,
pl. XLV; Raoul Rochette, *Mon. inéd.*, pl. XLIX, A; Inghirami, *Vasi
fittili* tav. XXII, CLXXIX e CXCII. Cf. les vases analogues du Musée de
Berlin, Gerhard, *Berlin's antike Bildw.*, nᵒˢ 804, 892 et 995. Les
plus importantes de ces représentations qui sont celles du Musée de
Berlin, que je viens de citer, et celles du Musée Blacas, n'ont pas
encore été publiées. J'ai aussi indiqué, dans la même *Lettre à
M. Gerhard*, les rapports d'Adonis avec Apollon. Ainsi, on trouve
sur les vases Vénus et Apollon associés. Voyez d'Hancarville, I,
pl. XXXII; Dubois-Maisoneuve, *Introduct. à l'étude des vases*, pl.
XXXVII, 3. Sur un miroir inédit, de la collection de M. le professeur Gerhard, on voit Vénus désignée sous le nom de *Tiphanati*,
et Adonis avec son nom habituel *Atunis*. Ce dernier est ailé comme
Éros. Gerhard, *Ueber die Metallspiegel der Etrusker*, Berlin
1838, S. 20, n. 84, d. *Tiphanati, Atunis*; LETZTERER ALS FLÜ-
GELKNABE. *Éros* aptère est représenté assis sur un cygne, dans
une peinture de vase du Musée de Vienne. Laborde, *Vases de
Lamberg*, II, Suppl., pl. VI.

5 — F. 19. (*Peliké*). Peint. r. Nola. —*Éros* s'approche en volant d'un éphèbe drapé et lui apporte
une pyxis. Entre les deux figures est un autel, sur
lequel est posé un objet rond.

R. Un éphèbe drapé faisant une libation avec
une phiale (1).

Haut., 5 pouces 2 lignes.

(1) Décrit dans mon *Cat. Durand*, nᵒ 55.

6 — F. 19. (*Peliké*). Peint. r. Nola. — *Éros* apporte en volant une pyxis à une jeune femme debout, tout enveloppée dans son péplus. Entre les deux figures est un calathus.

R. Un éphèbe drapé (1).

Haut., 4 pouces 2 lignes.

(1) Décrit dans mon *Cat. Durand*, nᵒ 57.

7 — F. 27. (*Hydrie*). Peint. r. Nola. — *Éros*, entièrement nu et ailé, poursuit une jeune fille qui se retourne vers lui tout en s'éloignant; elle est vêtue d'une tunique talaire et d'un péplus; une coiffe enveloppe sa tête (1).

Haut., 6 pouces 8 lignes.

(1) Décrit dans mon *Cat. Durand*, nᵒ 239, sous le titre d'un *Génie poursuivant une femme*. Je crois qu'il faut plutôt voir ici un *Amour*. Cf. les sujets qui représentent un éphèbe poursuivi par une femme ailée. *Infra*, nᵒ 13. *Éros* porte aussi le surnom d'Ἄρπυς. Hesych et Etym. M. *sub verbo*.

8 — F. 29. (*Cylix*). Peint. n. Vulci. — Ext. Sous une treille de vigne, à laquelle pendent des grappes de raisin, sont quatre groupes d'un homme et d'une femme entièrement nus, et dans les poses les plus obscènes.

R. Quatre groupes également obscènes. Toutes les poses sont variées (1).

Int. Le *Gorgonium* de face (2).

Diam., 8 pouces 3 lignes.

(1) Cf. les vers d'Aristophane sur la courtisane *Cyrène*. *Ran.* 1363, et *ibi* Schol. Voyez aussi Athen. XIII, p. 568, D.

(2) Cette coupe montre un nouvel exemple des rapports que les anciens mettaient entre les idées de génération, exprimées par les groupes érotiques et les idées de mort auxquelles se rattache le *Gorgonium*, symbole essentiellement funèbre.

4. ANESIDORA ET MAIA (*).

(*) Nous avons joint ensemble ces deux déesses, parce que Ἀνη-
σιδώρα (Hesych. *sub verbo*; Etym. M. *sub verbo*; Plutarch. *Sym-
pos.* IX, 14, T. VIII, p. 969, Reiske; Paus. I, 31, 2) et Μαῖα
(Macrob., *Saturn.* I, 12) étaient des surnoms de *Déméter* ou de la
Terre. Cf. Creuzer, *Meletem*, I, p. 26.

9 — F. 29. (*Cylix*). Dessins au trait sur fond
blanc, et peintures brunes et violettes à l'intérieur
et rouges sur fond noir à l'extérieur. Nola. —
Int. La toilette d'...NESIΔORA, *Anesidora.*
AΘENAA (*sic*), *Athéné*, et HEΦA·· ΣTOS,
Héphestus, sont occupés à rattacher la stéphané
d'*Anésidora*. Celle-ci est d'une taille bien inférieure
à celle des deux personnages qui sont à ses cotés.
La jeune fille est vue de face et tourne la tête vers
Athéné; une tunique talaire, de couleur brune,
avec des bandes de pourpre et parsemée de petites
étoiles blanches, la couvre entièrement. Un ampechonium est par-dessus cette tunique. L'ampechonium est de la même couleur, et également parsemé d'étoiles. De ses deux mains *Anésidora* relève
un peu son vêtement. *Athéné* est placée à gauche.
La déesse a la tête ceinte d'une stéphané; une double tunique, finement plissée, rattachée par une
ceinture de pourpre, et l'égide, brodée et hérissée
de serpents, composent le costume de *Minerve*. Au
milieu de l'égide est le *Gorgonium* sous la forme
hideuse. La tunique de la déesse est blanche; l'é-
gide est colorée en brun avec des losanges jaunes;
la même couleur jaune est employée pour le *Gorgonium*. *Héphestus*, à droite, est imberbe. Il est
revêtu d'une simple chlamyde brune, bordée de
pourpre, et tient son marteau de la main gauche.

De la droite il va rattacher la stéphané d'*Anési-dora*.

Les têtes, les mains et les pieds des figures sont dessinés au simple contour, ainsi que la poitrine et les jambes d'*Héphestus*, et toutes les parties nues du corps. Pour la tunique blanche de *Minerve*, on a employé le même procédé; les cheveux sont colorés en noir. Chaque personnage a la tête ceinte d'une stéphané dorée et relevée en bosse. Le marteau de *Vulcain* dont il reste un bout antique est également doré. Des trois têtes il n'y a malheureusement que celle d'*Héphestus* qui soit intacte (1).

Ext. — Deux éphèbes auprès d'un cheval. L'un vêtu de la chlæna, le pétase rejeté derrière le dos, s'appuie sur un cheval qu'il tient par la bride. L'autre est vêtu de la chlæna, et tient un bâton en forme de béquille. On pourrait voir ici le départ d'*Hipponoüs*, comme dans une peinture de vase que nous avons décrite dans le *Catalogue Durand* (2). Mais je préfère donner aux deux éphèbes les noms de *Castor* et de *Pollux* auprès du cheval *Cyllarus* (3). Dans ce cas, la figure placée à gauche, en avant de ce groupe, et qui a été restaurée en jeune fille, remplacerait le petit éphèbe qu'on voit sur le vase d'Exekias du Musée Grégorien (4). Le costume d'ailleurs, le simple tribon que porte cet éphèbe, convient à un jeune homme et non à une femme. Une fleur est dans sa main droite. Derrière le cheval, à droite, est un groupe composé de deux personnages. Un vieillard à cheveux blancs, sans doute *Tyndare*, s'appuie sur un bâton en forme de béquille; un ample manteau enveloppe son corps. Devant lui est une femme (*Léda*) vêtue d'une tunique talaire et d'un péplus; sa tête est entourée du cécryphale. Dans sa main droite est une œnochoé et dans sa gauche une phiale.

R. Ici est représenté le retour du *Dioscure* qui a monté le cheval *Cyllarus*. Il est reçu par ses parents. L'éphèbe armé du javelot, et exactement dans le même costume que celui de la face précédente, va mener le cheval à l'écurie. Son frère, placé à droite, tient un bâton en forme de béquille. A côté du cheval est une femme vêtue d'une tunique talaire et d'un péplus. Sa tête est enveloppée d'une coiffe; dans sa main droite est une fleur (ἄνθος) qu'elle présente à un homme barbu, placé à gauche en arrière du cheval. Cet homme est vêtu du tribon; il s'appuie sur un bâton, et tient une bourse (θύλακος) (5). Ce groupe représente probablement *Ménélas* et *Hélène* (6), plutôt que *Tyndare* et *Léda*, puisque dans la peinture précédente nous avons vu *Tyndare* figuré avec des cheveux blancs.

Les coupes à fond blanc, à figures dessinées au trait, sont de la plus grande rareté. Celle-ci fut découverte à Nola en 1828 (7). Dans le Musée du prince de Canino, il existe plusieurs de ces coupes; j'en ai vu quatre, toutes inédites. Une d'entre elles est d'une dimension extraordinaire, à peu près comme la célèbre coupe de Géryon (8). Elle représente le combat d'*Achille* contre *Penthésilée;* quatre figures composent ce tableau, qui est du dessin le plus grandiose. La seconde de ces coupes représente *Apollon* et un *Niobide;* auprès sont *Diane* et le *Pédagogue.* La troisième montre *Acamas* et *Éthra.* Enfin la quatrième **HPA**, *Héra* debout, tenant un sceptre (9).

Diam., 11 pouces 5 lignes.

(1) M. Panofka, dans un Mémoire, lu à l'Académie royale des sciences de Berlin, a reconnu dans ce sujet la naissance de *Pandore.* Ce savant croit que cette composition peut avoir une grande analogie avec le bas-relief représentant la naissance de Pandore, qui décorait le piédestal de l'Athéné Parthénos de Phidias. Paus. I, 24, 7;

Plin. *H. N.* XXXVI, 5, 4. Comme cette coupe avait été restaurée en Italie, M. Panofka avait cru que *Vulcain* tenait un outil (στύλος), au moyen duquel il venait de mettre la dernière main à la figure de Pandore. Mais sous les restaurations modernes, il existait un bout du marteau que j'ai remarqué au moment où cette coupe venait d'arriver à Paris, brisée en plusieurs morceaux.

(2) N° 250.

(3) Virg., *Georg.* III, 90; cf. Suid. *v.* Κύλλαρος ; Stat. *Theb.* VI, 328 et *ibi* Schol.

(4) *Mon. inéd. publiés par l'Inst. arch.* II, pl. XXII; cf. Panofka, *Ann.* VII, p. 230.

(5) Ce sac, qu'on voit assez souvent dans les représentations gymnastiques, est destiné à renfermer le lécythus (*Cat. Durand,* n°˙ 732 et 758). C'est ainsi que, sur le vase du Vatican que j'ai cité plus haut, on voit un petit éphèbe qui apporte les ustensiles nécessaires aux athlètes. *Pollux* va se livrer aux exercices de la lutte, quand son frère, *Castor,* a achevé victorieusement sa course.

(6) Ce pourraient être aussi *Icarius* et *Timandra,* comme sur une magnifique coupe du prince de Canino, décrite dans mon *Cat. étrusque,* n° 129. Il serait possible aussi que le vieillard à cheveux blancs fût *OEbalus* ou *Périérès,* l'un et l'autre cités comme père de Tyndare. Apollod. III, 10, 4 ; Paus. III, 1, 4 ; Apollod. I, 9, 5. Dans ce cas, la femme que nous avons désignée sous le nom de *Léda* serait *Gorgophone,* femme d'*OEbalus.* Le groupe de la seconde face de la coupe s'expliquerait par *Tyndare* et *Léda.*

(7) *Bull. de l'Inst. arch.* 1829, p. 19. M. Panofka parle, dans le même endroit, de deux autres coupes à fond blanc ; l'une représente *Hercule* et *Minerve,* l'autre une *scène de toilette* analogue à celle d'*Anésidora,* peut-être la toilette d'*Hélène* ou celle de *Vénus.*

(8) *Mon. inéd. publiés par la Section française de l'Inst. arch.,* pl. XVII et XVIII. Voyez mon *Cat. étrusque,* n° 81.

(9) Voyez la description de cette dernière coupe dans l'ouvrage de M. Micali, *Storia degli ant. pop. ital.,* tom. III, p. 195. Ηρη (*sic*) debout est représentée aussi à l'intérieur d'une coupe à peint. r. de la collection Feoli, décrite par M. Secondiano Campanari, n° 61.

10 — F. 26. (*Hydrie*). Peint. n. sur fond blanc. Vulci—..... **MES**, *Hermès* et **MAIA**, *Maia.* Le dieu est imberbe, la tête entourée d'une bandelette; il est revêtu d'un ample manteau. Dans sa main droite il tient une phiale, et dans sa gauche le caducée. Devant *Hermès* est placée sa mère, *Maia,* sous la

forme d'une jeune fille, vêtue d'une tunique talaire de couleur pourpre recouverte d'un péplus noir, avec bandes de pourpre. Sa tête est ceinte d'une bandelette. Dans sa main gauche est une couronne qu'elle présente à son fils. Au-dessus de ce groupe, on lit **KALOS KAPVSTIOS**, *Carystius est beau.*

Sous chaque anse latérale est un animal; près d'*Hermès* un bélier, et près de *Maia* un bouc. Sous l'anse principale est peint un lion rugissant (1).

Un mufle de lion en relief décore la partie supérieure de cette anse : à sa partie inférieure on remarque une palmette en relief.

Haut., 9 pouces 2 lignes.

(1) Le lion rappelle naturellement le culte de Cybèle, la même que Maia ou Ma (Steph. Byzant. *v.* Μάσταυρα). Le bouc fait allusion à Atys, nourri par un bouc (Paus. VII, 17, 5; Arnob. *Adv. Gentes,* V, 6). Le bélier rappelle l'Hermès Criophore (Paus. IX, 22, 2 ; V, 27, 5; IV, 33, 5; cf. Paus. II, 3, 4. Τὸν δὲ ἐν τελετῇ Μητρὸς ἐπὶ Ἑρμῇ λεγόμενον καὶ τῷ κριῷ λόγον ἐπιστάμενος, οὐ λέγω). On voit par là que les Criobolies, dans le culte de la Mère des Dieux, se rattachaient à cet *Hermès Criophore.* Cf. Lucian. *de Deâ Syr.* 55; Lenormant, *Ann. de l'Inst. arch.* II, p. 236 et 237.

5. NIKÉ.

11 — F. 19. (*Peliké*). Peint. r. Nola. — *Niké,* vêtue d'une tunique talaire, et d'un péplus, tient une branche de laquelle descend une grande fleur.

R. Un pédotribe appuyé sur un bâton et un éphèbe drapé. Derrière le pédotribe la méta.

Haut., 3 pouces 6 lignes.

12 — F. 31. (*Scyphus*). Peint. jaunes. Pouille. — *Iris* ou *Niké* entre deux *satyres* (1). La déesse

est ailée; elle relève des deux mains sa tunique finement plissée, que recouvre un péplus. Ses regards sont détournés, à gauche, vers un des deux *satyres* qui font des gestes d'admiration. Tous les deux sont couronnés de pampres. De chaque côté de la tète d'*Iris*, on lit **HO ΠAIS KALOS**, *le garçon est beau*. Près du *satyre* à droite est une branche de lierre.

R. Une *ménade* entre deux *satyres*. Elle tient de la main droite un thyrse; son costume consiste en une tunique talaire, un péplus et une coiffe. Les deux *satyres* sont couronnés de pampres. Celui à gauche étend les bras en signe d'admiration. Derrière lui est une branche de lierre; le second *satyre* regarde attentivement un canthare qu'il tient des deux mains. Près de chacun des *satyres*, on lit **HO ΠAIS KALOS**, *le garçon est beau*.

Dans l'intérieur circule autour du bord une belle guirlande de lierre.

Haut., 9 pouces 5 lignes.

(1) M. Gerhard (*Ant. Bildw.*, Taf. XVIII) a publié un sujet analogue, sous le titre de *Télété*. Nous avons déjà ailleurs (*Cat. étrusque*, p. 120, note 1) fait remarquer que le nom d'*Iris* convient mieux à ces figures que celui de *Télété*. Cf. dans Ælian. *Var. Hist.* XIII, 1, l'histoire d'Atalante, attaquée par deux Centaures.

13 — F. 8. (*OEnochoé*). Peint. r. Vulci. — Une déesse ailée, vêtue d'une double tunique, poursuit un éphèbe couronné de myrte, et vêtu d'un manteau qui laisse à découvert son épaule droite. Cet éphèbe s'enfuit en retournant la tète en arrière; de la main gauche il tient une lyre (1).

Haut., 10 pouces 6 lignes.

(1) Décrit dans mon *Cat. Durand*, n° 235. Ces sujets peuvent s'expliquer par *Iris* qui poursuit *Pâris*. Voyez mon *Cat. étrusque*, n° 130, note 2. Cependant il faut avouer que des représentations

semblables peuvent avoir trait à la mort prématurée d'un jeune homme. Tel était l'enlèvement de Céphale, de Tithon ou de Phaëthon par l'Aurore ou par Vénus. Dans l'Odyssée il est plusieurs fois question d'hommes ou de jeunes filles ravis par les Harpyies (*Odyss.* A, 241 ; Υ, 66). Cf. le vase publié par M. Millingen (*Anc. uned. mon.*, pl. xv), où les Harpyies ont la forme humaine, et ressemblent aux figures ordinaires de la Victoire.

6. BACCHUS.

14—F. 29. (*Cylix*). Peint. n. Vulci—Ext. Grande tête de *Bacchus*, barbu et couronné de lierre, de face, entre deux grands yeux, entourés de ceps de vigne entortillés, auxquels pendent des grappes de raisin.

R. Répétition exacte du même sujet.

Int. Le *Gorgonium* vu de face.

Diam., 11 pouces 4 lignes.

15 — F. 17. (*Amphore bachique*). Peint. n. Vulci. —*Bacchus* barbu, tient le céras et une branche de lierre. Le dieu est vêtu d'une tunique talaire, et d'un ample péplus. Près de lui est une panthère. De chaque côté une *ménade* drapée qui tient des crotales.

R. Un *satyre* barbu qui tient une branche de lierre, et se retourne vers une *ménade* revêtue d'une tunique talaire et d'un péplus. La *ménade* joue des crotales.

Sous le pied sont deux marques, un O carré et un Z.

Haut., 9 pouces 6 lignes.

16 — F. 6. (*Lécythus*). Peint. n. Grande Grèce.

— *Bacchus*, jeune, couché sur une cliné, tient le canthare, et se retourne à droite vers un *satyre* barbu qui danse. A gauche, aux pieds de la cliné, sont deux personnages ; la première est une aulétria revêtue d'une tunique talaire et d'un ample péplus ; le second est un *satyre* barbu et ithyphallique, qui tient dans la main droite le céras. Dans le champ des branches de lierre.

Haut., 9 pouces 6 lignes.

17 — F. 32. (*Oxybaphon*). Peint. r. Pouille. — *Bacchus* jeune est assis sur un siége. Le dieu est nu ; ses attributs sont un thyrse et un canthare. Devant lui est un candélabre et une *ménade* nue qui tient le tympanum. En arrière de *Bacchus* est un *satyre* imberbe qui porte le seau et le céras.

R. Trois éphèbes drapés (1).

Haut., 14 pouces 3 lignes.

(1) Décrit dans mon *Cat. Durand*, n° 77.

18 — F. 32. (*Oxybaphon*). Peint. r. Basilicate.— *Bacchus* jeune est nu et assis sur sa chlamyde. Il étend la main gauche vers une *bacchante* (*Opora*) qui tient une bandelette et une scaphé chargée de fruits. Au-dessus une sphéra.

R. Course de deux éphèbes nus ; l'un porte un strigile (1).

Haut., 10 pouces.

(1) Décrit dans mon *Cat. Durand*, n° 93.

19 — F. 29. (*Cylix*). Peint. r. Vulci. — Ext. *Bacchus* entre deux *satyres* et deux *ménades* ; le dieu est barbu, couronné de lierre et revêtu d'une tunique talaire, et d'un ample manteau. Il se re-

tourne à gauche. Dans sa main droite est le canthare, et dans sa gauche un cep de vigne, garni
de grappes de raisin. La première *ménade* à droite
est couronnée de lierre et vêtue d'une double tunique; elle lève les deux bras et se retourne vers
Bacchus. Près d'elle est une panthère (1). Le *satyre*
qui la suit est également couronné de lierre. Il
tient de la main droite la cithare et de la gauche le
plectrum. Sur la cithare sont tracés deux yeux. A
gauche, en arrière de *Bacchus*, vient un second
satyre. Celui-ci est ithyphallique et couronné de
lierre. Il joue de la double flûte. A son bras est
suspendu le sac (θύλακος) qui sert à renfermer les
flûtes. En arrière de ce *satyre* est un thyrse. Ces
deux satyres peuvent recevoir les noms de *Molpus*
ou *Dithyrambus* et de *Comus*. Suit une *ménade* qui
semble accourir. Elle est vêtue d'une double tunique plissée. Près d'elle est une panthère.

R. Trois *ménades* et deux *satyres* ithyphalliques.
Les trois *ménades* portent des thyrses, et veulent
repousser les attaques du *satyre* placé au centre.
Elles ont toutes les trois de doubles tuniques; deux
ont des couronnes de lierre. Celle placée à l'extrémité gauche du tableau, a de plus une nébride
nouée sur la poitrine, et qui couvre son bras gauche. Les deux *satyres* sont couronnés de lierre.
Celui placé au centre se retourne à droite; dans sa
main gauche est une outre ; sur son bras droit est
suspendue une nébride. Le second *satyre*, placé à
l'extrémité de la composition à droite, lève la
main droite en signe d'admiration; dans sa gauche
est une fleur. Une peau de panthère couvre ses
épaules.

Int. *Bacchus*, assis sur un siége recouvert d'un
coussin brodé, tient d'une main le canthare, et de
l'autre un cep de vigne garni de grappes de raisin.
Le dieu est barbu et couronné de lierre. Une tu-

nique finement plissée et un manteau couvrent son
corps. Devant *Bacchus* est un *satyre* ithyphallique,
couronné de lierre. Une peau de panthère couvre
ses épaules. Le *satyre* tient de la main droite l'œ-
nochoé avec laquelle il va verser à boire à *Bacchus.*

Diam., 10 pouces 6 lignes.

(1) Cf. dans mon *Cat. Durand*, nᵒˢ 172 et 176, la *ménade*
que j'ai désignée sous le nom de *Théra.*

20 — F. 29. (*Cylix*). Peint. r. Vulci. — Ext.
Bacchus va monter dans un quadrige à droite. Le
dieu est barbu, couronné de lierre et revêtu d'une
tunique talaire et d'un ample manteau. De la main
droite il tient les rênes et le fouet; et de la gauche
le canthare et une branche de lierre. A côté des
chevaux sont un *satyre* et une *ménade* qui s'avancent vers le dieu. Le *satyre* est barbu, ithyphallique, et couronné de lierre. Il lève la main droite;
une nébride couvre ses épaules. La *ménade* a les
cheveux enveloppés d'une coiffe; elle est revêtue
d'une double tunique et d'une peau de panthère.
Dans sa main droite, levée, est un thyrse; un serpent, qui s'enroule autour de son bras, est dans sa
main gauche. Devant les chevaux est un second
satyre barbu et couronné de lierre; il porte la
main droite à son front; une nébride couvre ses
épaules. Enfin un troisième *satyre* est placé en arrière du quadrige; il est entièrement nu, couronné
de lierre et barbu. Il lève les deux mains en signe
d'admiration, et détourne la tête vers la gauche,
en dehors de la composition, vers une *ménade*
peinte au revers de ce tableau.

R. *Ariadne* monte sur un quadrige à droite. La
déesse est revêtue d'une tunique talaire et d'un
ample péplus; une couronne de lierre ceint sa tête.

Des deux mains elle tient les rênes des chevaux ; dans sa droite est le fouet pour les aiguillonner. A côté des chevaux marchent une *ménade* et un *satyre*. La *ménade* porte le thyrse ; elle est vêtue d'une double tunique et d'une nébride. Ses cheveux sont retenus dans une coiffe. Le *satyre* est nu, barbu, et couronné de lierre ; il joue de la lyre. En avant des chevaux est une seconde *ménade*, qui se retourne vers le *satyre* placé derrière le char de *Bacchus*. Cette *ménade* a pour vêtement une double tunique et un péplus ; une couronne de lierre ceint sa tête. Elle fait un geste en levant la main droite. Un second *satyre* lyricine, semblable à celui que nous avons décrit, si ce n'est qu'une nébride couvre son épaule gauche, marche derrière le quadrige d'*Ariadne* ; un sac en peau, pour serrer les flûtes ou le plectrum (θύλακος) est suspendu à sa lyre.

Tht. Un *satyre* barbu et couronné de lierre veut embrasser une *ménade*. Une nébride couvre les épaules du *satyre*. La *ménade* est revêtue d'une tunique talaire et d'un péplus. Dans sa main droite est un serpent, et dans sa gauche un thyrse. ΠΑ-ΝΑΙΤΙΟΣ ΚΑΛΟΣ, *Panœtius est beau.*

Diam., 12 pouces.

21. — F. 23, avec couvercle rapporté. (Espèce de *Kélebé*). Peint. r. Nola. — Au centre est assis, sur un siège à dossier, ΔΙΟΝΥΣΟΣ, *Dionysus* barbu ; sa tête est ceinte d'une large bandelette qu'entoure une couronne de lierre ; un manteau couvre la partie inférieure de son corps. Le dieu présente à boire, dans son canthare, à ΚΟΜΟΣ, *Comus*, qui est figuré ici comme un satyre enfant, entièrement nu. ΑΡΙΑΔ-ΝΕ, *Ariadne* tient l'œnochoé de la main droite et verse du vin dans le canthare. Le costume d'*Ariadne*

se compose d'une coiffe, d'une tunique talaire, et d'un ample péplus qui couvre son bras gauche. En arrière de *Bacchus* est **ΤΡΑΛΟΙΔΙΑ** (*sic*), *la Tragédie*. Elle est vêtue d'une tunique sans manches et d'un ampechonium; une coiffe enveloppe sa tête; sur sa main gauche repose un lapin, que la déesse regarde; dans sa main droite est un thyrse.

R. Un *satyre* barbu qui poursuit une *bacchante*; tous deux portent des thyrses (1).

Le couvercle rapporté est de fabrique apulienne. Il est couronné d'un bouton enrichi de feuillages. Autour de ce bouton sont peints sur le couvercle un griffon en face d'une panthère et un lion opposé à un sphinx.

Haut., 10 pouces, sans le couvercle.

(1) Décrit dans mon *Cat. Durand*, n° 114. Voyez Raoul-Rochette, *Journal des Savants*, 1826, p. 89-100. Cf. Gerhard, *Hyperboreisch-rœmirsche Studien*, S. 191.

22 — F. 8. (*OEnochoé* **). Peint. n. Vulci. —** *Bacchus*, monté sur un mulet ithyphallique, qui se dirige à droite. Le dieu est barbu, couronné de lierre, et vêtu d'une longue tunique blanche et d'un manteau noir. D'une main il tient le céras et de l'autre des branches de lierre. Devant le mulet est un *satyre* accroupi. En arrière du mulet, à gauche, sont deux autres *satyres*; l'un pose la tête sur la croupe de l'animal, l'autre détourne la tête vers la gauche.

Haut., 10 pouces 7 lignes.

23 — F. 29. (*Cylix* **). Peint. r. Vulci. — Int.** *Bacchus* barbu, ayant la chlamyde sur le bras gauche, s'appuie sur un éphèbe tibicine (1). Le dieu tient dans sa main gauche un bâton noueux, et une peau de panthère formant un sac à serrer les flûtes (φύλακος). Les deux personnages ont le front ceint d'une large bandelette. Une chlamyde couvre les épaules du jeune tibicine. Autour on lit **ΔORIS ΕΛΡΑΦSΕΝ**, *Doris a peint.*

« Ext. Sept hommes barbus, trois à droite et quatre à gauche, dansent en faisant des gestes mimiques et obscènes autour d'une aulétria. Tous, ainsi que la femme, ont des bandelettes autour de la tête; deux de ces personnages ont une chlamyde sur les épaules; les autres sont entièrement nus. L'un d'eux, dans la pose la plus obscène, veut relever par derrière la longue tunique transparente de l'aulétria. Des *cylix*, des *œnochoé* et d'autres vases de formes variées sont suspendus dans le champ. Deux des personnages, à gauche, tiennent des coupes.

R. Scène à peu près pareille à celle de la face précédente. Une aulétria, placée au milieu de sept personnages barbus, quatre à droite et trois à gauche. Trois sont entièrement nus. Les quatre autres portent des chlamydes; deux portent des cylix, et l'un verse dans la sienne le vin que contient une œnochoé. Les sept personnages font des gestes mimiques; celui placé immédiatement derrière la femme est dans une pose plus décente que celui de l'autre face de cette coupe; il saisit d'une main l'aulétria par la tête et semble vouloir, de l'autre, lui appliquer un coup sur les cuisses. L'aulétria est revêtue d'une fine tunique transparente (2).

Diam., 11 pouces 6 lignes.

(1) C'est sous la dénomination de *Bacchus*, que ce sujet a été décrit dans le *Cat. Durand*, n° 118. Il serait fort possible pourtant que ce personnage ne fût autre qu'un *éraste* avec son *éromène*. Aucun attribut bachique, si ce n'est la peau mouchetée, ne se remarque ici pour justifier la dénomination de *Bacchus*.

(2) Décrit dans le *Cat. Durand*, n° 118.

2.

24 — F. 29. (*Cylix*). Peint. r. Vulci. — La ménade **EVOГE**, *Evopé*, revêtue d'une tunique talaire, tient par la queue un mulet ithyphallique ; dans sa main droite est une baguette pour aiguillonner l'animal. Près du mulet on lit **EPATON**, *la chose agréable* (1). Un *satyre* barbu, couronné de lierre et jouant de la double flûte, est placé devant le mulet.

R. Les trois *Grâces*, sous la forme de trois ménades, revêtues de tuniques talaires, qui dansent et jouent des crotales. La première à gauche, **X..ONE**, *Chioné*, a la tête couverte d'une coiffe ; les deux autres, **POΔA**, ou plutôt **POΔO** (*rétrograde*), *Rhoda* et **ΘALIA**, *Thalia* ont des couronnes de myrte.

Int. *Ganymède*, entièrement nu et couronné de pampres, tient de la main droite l'œnochoé. Le mot **KALOS** se répète deux fois dans le champ (2).

Diam., 12 pouces 2 lignes.

(1) C'est un de ces sujets d'infâmes désordres, dont on retrouve les traces dans les mythes de l'Orient. Cf. Sémiramis et le cheval, Pasiphaé et le taureau, Pénélope et le bouc, etc. Voyez aussi Athen. XI, p. 782.

(2) Décrit dans mon *Cat. étrusque*, n° 59.

25 — F. 29. (*Cylix*). Peint. r. Vulci. — Ext. Un mulet ithyphallique, à gauche, conduit par un *satyre* barbu, qui tient d'une main la bride, et de l'autre une baguette pour l'aiguillonner. Devant le mulet, un autre *satyre* qui fait un geste en levant la main gauche. **HOГAIS** (*rétrograde*), *le garçon*.

R. Un mulet ithyphallique qui se cabre. Il vient de renverser un éphèbe nu, armé d'un casque et d'un bouclier argien. L'éphèbe veut se défendre avec son javelot. A côté de lui est un hoplite qui combat le mulet. **ΗΟΠΑΙΣ** (*rétrograde*), *le garçon.*

Int. Un cheval attaché par la bride. **ΗΟΠΑΙΣ** (*rétrograde*), *le garçon.*

Diam., 12 pouces 2 lignes.

26 — F. 32. (*Oxybaphon*). Peint. r. Pouille. — Un jeune *satyre* tenant le tympanum et une *bacchante* munie d'un thyrse et d'une couronne.

R. Un cippe; de chaque côté un éphèbe drapé(1).

Haut. 11 pouces, 3 lignes.

(1) Décrit dans mon *Cat. Durand*, n° 156.

27 — F. 8. (*OEnochoé*). Peint. r. Basilicate. — Une *ménade* poursuivie par un jeune *bacchant.* La *ménade* tient une couronne et un miroir. Près d'elle une férula et une sphéra. Le *bacchant* porte une férula et une scaphé chargée d'offrandes (1).

Haut., 11 pouces.

(1) Décrit dans mon *Cat. Durand*, n° 168.

28 — F. 6. (*Lécythus*). Peint. n. Sicile. — Deux *ménades* tenant des crotales et des ceps de vigne, montées sur des taureaux (1).

Haut., 8 pouces 3 lignes.

(1) Décrit dans mon *Cat. Durand*, n° 192. Cf. une peinture analogue dans Laborde, *Vases de Lamberg*, I, pl. LXXVII.

29 — F. 5. (*Cyathis*). Peint. n. Vulci. — Une *ménade* en course retourne la tête à gauche et tient dans chaque main une branche de lierre. De chaque côté un grand œil. Vers l'anse, de chaque côté une *Sirène*.

Haut., 5 pouces 4 lignes.

3o — F. 29. (*Cylix*). Peint. r. Vulci. — Ext.
Combat entre six éphèbes. Les trois placés à droite
sont nus et armés de casques, de lances et de boucliers argiens. Les emblèmes sont un trépied, un
cheval et un lion; autour du lion on lit en caractères tracés en noir : **KALOS OINOS**, *le vin est
bon*. Des trois autres éphèbes, le premier vers le
centre est armé d'un casque de peau, d'une lance
et d'un bouclier argien décoré d'une tête de taureau. Les deux autres ont pour armes des pierres
et des lances; leurs chlamydes leur servent de
boucliers. Le dernier des trois s'enfuit vers la gauche de la scène. Dans le champ sont un casque et
plusieurs pierres que les combattants ont lancées.
Des inscriptions, toutes illisibles, sont tracées entre les figures. Il paraît que ce sont des acclamations bachiques.

R. Cinq *satyres* courant ou accroupis. Le premier, à commencer de la gauche, tient une outre.
Le second joue des crotales. Le troisième n'a aucun attribut. Le quatrième porte une amphore. Le
cinquième a une outre et un céras. Dans le champ
un autre céras et des inscriptions illisibles.

Int. Un *satyre* ithyphallique qui court à gauche
et retourne la tête à droite. Dans sa main droite
un céras. Autour quelques lettres.

Diam., 12 pouces 2 lignes.

3i — F. 34. (*Kélebé*). Peint. n. Grande-Grèce.
— *Vulcain* ramené au ciel par *Bacchus*. *Vulcain*
est monté sur un mulet ithyphallique; le dieu est
barbu, revêtu d'une simple chlamyde et armé de
la bipenne. Un *satyre* tibicine (*Marsyas*) ouvre la
marche; suit une *ménade* ; puis un second *satyre*
(*Molpus*) qui porte une bandelette. Derrière le

mulet viennent une *ménade* et un *satyre* qui dansent...

R. Au centre *Bacchus* barbu et couronné de lierre; le dieu tient le canthare et un cep de vigne. De chaque côté une *ménade*. Un *satyre* tenant une bandelette, et une troisième *ménade* qui agite des crotales complètent la pompe (1).

Haut., 10 pouces 10 lignes.

(1) Décrit dans mon *Cat. Durand*, n⁰ 123.

32 — F. 16. (*Amphore tyrrh.*). Peint. n. Vulci. — Sujet érotique composé de trois éphèbes et de quatre hommes barbus. Dans le premier groupe à commencer de la gauche, l'*éraste* est ithyphallique; il tient un collier et porte la main gauche au menton de son *éromène* qui est placé en face de lui. Un cerf est entre les bras de l'éphèbe. Dans le second groupe l'*éraste* porte une couronne et l'*éromène* un collier. Près d'eux est suspendu un lièvre. Les deux personnages sont ithyphalliques et placés l'un vis-à-vis de l'autre, dans la pose la plus obscène. Vient ensuite un homme barbu qui danse et retourne la tête en arrière vers le groupe précédent; une chlamyde brodée couvre ses épaules. Le troisième et dernier groupe montre l'*éraste* et l'*éromène* placés en face l'un de l'autre dans la pose la plus obscène. On n'aperçoit pas le phallus de l'éphèbe. Celui-ci tient une couronne; l'*éraste* porte sur son bras gauche un coq; une branche de myrte est placée en sautoir sur sa poitrine. Derrière ce groupe à droite est suspendu un renard. Tous les personnages qui font partie des groupes, sont entièrement nus.

R. Sujet à peu près semblable. Les sept personnages qui y figurent sont entièrement nus. Dans le premier groupe à gauche, l'*éromène* se

retourne vers l'*éraste* ; ils portent chacun une couronne ; l'*éromène* porte de plus entre ses bras un
coq. Le second groupe montre l'*éraste* et l'*éromène* dans la pose la plus obscène ; tous les deux
sont ithyphalliques et placés en face l'un de l'autre. Ensuite on voit un homme qui danse. Dans
le troisième et dernier groupe, les deux personnages sont ithyphalliques et placés en face l'un de
l'autre. L'*éraste* tient une couronne, tandis que
l'*éromène* porte un coq et touche de la main gauche le menton de l'*éraste* (1).

Haut., 12 pouces 8 lignes.

(1) Décrit dans mon *Cat. Durand*, n° 665. Un dessin inédit
d'une amphore à peint. noires, que j'ai vu entre les mains de
M. Raoul Rochette montre des groupes analogues. Seulement le
personnage jeune est d'une taille plus grande que les hommes
barbus.

B. HÉROS.

1. HERCULE.

33 — F. 29. (*Cylix*). Peint. r. Vulci. — Ext. *Hercule* étouffe entre ses bras le lion de Némée. Le héros
est imberbe et entièrement nu. Le lion pose une
des pattes de derrière sur la tête d'*Hercule*. A gauche, en arrière de ce groupe, est *Minerve*. La
déesse tient de la main droite sa lance, et de la
gauche son casque. Une égide écaillée et hérissée
de serpents recouvre sa tunique talaire. Près du
lion est un arbre pour indiquer la forêt, et dans le

champ sont suspendus la chlamyde, l'arc et le carquois d'*Hercule.* **KAL.....NAIXI**, *il est beau, oui certes.*

R. *Bacchus* et *Ariadne.* Le dieu est imberbe et couronné de lierre. Il est vêtu d'une tunique talaire et d'un ample manteau. Dans sa main droite est le thyrse, et dans sa gauche le canthare. *Ariadne* est revêtue d'une tunique talaire et d'un péplus. Elle se retourne vers *Bacchus*, et tient de la main droite un serpent, et de la gauche des crotales. Une bandelette entoure ses cheveux. **KALOS XAPOΦS**, *Charops est beau.*

Int. Un archer vêtu d'anaxyrides couvertes d'yeux et d'étoiles. Dans sa main droite la bipenne, et dans la gauche l'arc; un carquois est suspendu à son côté. **KALOS**, *beau.*

Sous le pied les signes **HIΛ** deux fois répétés.

Diam., 12 pouces 4 lignes.

34 — F. 29. (*Cylix*). Peint. r. Vulci. — Ext. *Hercule* et les *Centaures.* Le héros est barbu, couvert de la peau de lion, et armé d'un carquois suspendu à son côté. De la main droite, il tient l'épée, et de la gauche un arc. Deux *Centaures* s'enfuient à droite et à gauche. Celui à droite laisse échapper de ses mains la branche d'arbre avec laquelle il se défendait; l'autre semble vouloir encore frapper *Hercule* de celle qu'il tient. Les deux *Centaures* sont couronnés de lierre. **HISXVLOS EΓOIESEN**, *Hischylus a fait.*

R. *Bacchus*, assis à terre, et appuyé contre un coussin entre deux *satyres.* Le dieu est barbu et couronné de lierre; un manteau étoilé couvre ses jambes. De la main droite il tient le canthare et de la gauche le céras. Un cep de vigne garni de grappes de raisin ombrage le dieu. Les deux *satyres* sont couronnés de lierre; celui à gauche s'approche en tenant une outre pour remplir le *canthare* de *Bacchus;* l'autre apporte un *cratère* ou *kélebé.*

Int. Une femme nue dans une pose obscène, la tête enveloppée d'une coiffe, et les pieds chaussés de souliers, tient de chaque main un *phallus.* A côté d'elle est un *lebès* posé sur un petit trépied. Dans le champ est suspendu un lécythus en forme de phallus. ΕΓΙΚΤΕΤΟS ΕΛΡΑSΦΕΝ (*sic*), *Epictète a peint* (1).

Diam., 11 pouces 10 lignes.

(1) Décrit dans mon *Cat. étrusque,* n° 78.

35 — F. 17. (*Amph. bachique*). Peint. n. Vulci.— *Hercule* dompte le *taureau de Crète.* Le héros est barbu et entièrement nu. Il pose le genou gauche sur le cou du taureau qui s'abat à ses pieds. A gauche en arrière d'*Hercule* est *Minerve.* Son costume consiste en un casque et une longue tunique recouverte de l'égide hérissée de serpents. Dans sa main droite est une lance. A droite, près du taureau est *Hermès.* Le dieu est barbu, couvert du casque (κυνῆ) et vêtu d'une chlamyde; ses pieds sont chaussés de bottines. A côté du taureau est un arbre aux branches duquel sont suspendus la chlamyde, l'arc et le carquois d'*Hercule.*

R. Combat de deux pugiles, en présence de deux pédotribes drapés. Les deux pédrotibes tiennent des baguettes fourchues. A côté de celui de droite est un athlète accroupi qui tient des haltères.

Sous le pied ΓVΛΛΙΙ.

Haut., 16 pouces 11 lignes.

36— F. 7. (*OEnochoé*). Peint. n. Vulci. — *Hercule* combat avec l'épée contre trois *Amazones.* Le héros est barbu, armé d'un arc, d'un carquois et coiffé de la peau de lion. Les *Amazones* sont casquées, vêtues de tuniques courtes et armées de lances et de boucliers argiens. Les emblèmes de deux sont des globules ; le troisième est décoré d'un trépied (1).

Haut., 8 pouces 10 lignes.

(1) Décrit dans mon *Cat. Durand*, n° 285.

37 — F. 6. (*Lécythus*). Peint. n. Sicile. — *Hercule* assisté d'*Iolas* combat deux *Amazones*. Le héros est barbu, coiffé de la peau de lion et armé d'un bouclier béotien qui a pour emblème une tête de taureau. Son bras droit est caché par le bouclier argien d'*Iolas* ; ce bouclier est décoré d'une guirlande de lierre. *Iolas* est barbu, vêtu d'une tunique courte et armé de toutes pièces. Il lance un javelot contre les *Amazones*. L'une de celles-ci est renversée aux pieds d'*Hercule* ; elle est coiffée du bonnet phrygien et vêtue d'anaxyrides parsemées d'étoiles ; son bouclier est la pelta. L'*Amazone* qui suit est debout ; elle est casquée, vêtue d'une tunique courte et d'un péplus ; son bouclier béotien est orné d'un trépied. Inscriptions illisibles (1).

Haut., 11 pouces.

(1) Décrit dans le *Cat. Durand*, n° 292.

38 — F. 16. (*Amph. tyrrh.*). Peint. n. et violettes. Vulci. — Combat d'*Hercule* contre *Géryon*. **HEPAKLES**, *Hercule*, est barbu et couvert de la peau de lion. Un carquois est suspendu sur son dos ; à côté de ce carquois est le fourreau ou étui destiné à

renfermer l'arc. Le héros lance des flèches. **CAPV-ΛONES** (*sic* , *rétrograde*), *Géryon* a trois têtes et six bras qui sortent d'un seul tronc et sont portés par deux jambes. Deux grandes ailes recoquil- lées (1) se rattachent à ses épaules. Les trois cas- ques ont des cimiers élevés ; le géant combat avec trois lances ; une épée est suspendue à sa ceinture ; ses jambes sont couvertes de cnémides. Quant aux trois boucliers, ils sont argiens ; on ne voit l'em- blème que d'un seul : c'est un grand oiseau de proie, un aigle ou un faucon (κίρκος). Une flèche lancée par *Hercule* est entrée dans la poitrine de *Géryon*. Aux pieds des combattants est étendu le chien *Orthrus*, qui n'a qu'une seule tête, et qui vient d'être éventré par *Hercule*. Près de *Géryon*, gît son berger **EVPVTION**, *Eurytion* qui est barbu et revêtu d'une tunique courte très-serrée ; une flèche l'a percé dans le dos. En arrière d'*Hercule*, à gauche de la scène, est **AΘENAIE**, *Athéné* debout, les pieds serrés l'un contre l'autre, comme un ancien *brétas*. La déesse a la tête nue ; par-dessus son étroite tunique de pourpre est l'égide qui couvre son dos, et d'où s'élancent six grands serpents. *Athéné* porte une lance dans la main droite. A la suite de la déesse, sous une des anses, est peint le troupeau de *Géryon*. On y voit un beau taureau blanc placé à la tête de quatre génisses noires et de couleur pourpre (φοινικαῖ) (2). Enfin entre ce trou- peau et *Géryon* est un quadrige, vu de face, et con- duit par un hoplite qui porte un casque dont la visière est abaissée. De chaque côté du quadrige vole dans une direction opposée un grand oiseau de proie (3). Cet hoplite est probablement *Iolas*.

Dans une frise qui règne au-dessus de cette com- position sont six éphèbes à cheval, qui courent dans l'hippodrome. En arrière de chaque groupe de trois éphèbes vole un oiseau de proie ; des fleurs sont peintes dans le champ (4).

Il n'existe à ma connaissance que quatre vases d'une fabrique analogue, évidemment très-ancienne, comme on peut s'en convaincre par les inscriptions qui sont tracées en caractères d'une haute antiquité ; un de ces vases représente également *Hercule et Géryon*, et au revers, *Persée* et les *Naïades* ; il appartient à M. Millingen (5). Le second est celui de *la mort d'Achille*, publié dans les *Monuments inédits de l'Institut archéologique* (6) ; il appartient à lord Pembroke. Le troisième, qui faisait partie de la collection Durand (7), existe aujourd'hui au Cabinet des médailles. Enfin le quatrième est celui que nous décrivons ici.

Haut., 15 pouces 6 lignes.

(1) Stesichor. *ap.* Schol. *ad* Hesiod. *Theog.* 287. Sur un vase appartenant à M. Millingen, *Géryon* est également ailé. Cf. mon *Cat. étrusque*, n° 139, note 2.

(2) Apollod. II, 5, 10.

(3) Les représentations de *Géryon* sur les vases, autrefois extrêmement rares, se sont accrues de plusieurs variantes du plus haut intérêt depuis les fouilles de l'Étrurie. Le vase inédit que nous décrivons ici sous le n° 38 est un des monuments les plus remarquables et certainement les plus anciens de ce sujet. Aujourd'hui on connaît plus d'une trentaine de vases qui représentent le combat d'Hercule contre Géryon. L'auteur prépare un travail sur ce mythe à l'occasion de la grande coupe du Musée du prince de Casino, qu'il a décrite dans son *Cat. étrusque*, n° 81, et qui est sur le point d'être publiée dans *les Mon. inéd. publiés par la Section française de l'Institut archéologique*, pl. XVII et XVIII.

(4) Gerhard, *Rapp. volc.*, n. 368 et 675 ; Hirt, *Ann. de l'Inst. arch.* V, p. 232 ; cf. mon *Cat. Durand*, n° 294, note 1, et mon *Cat. étrusque*, n° 139, note 2.

(5) Cf. mon *Cat. étrusque*, n° 139, note 2.

(6) Tom. I, pl. LI.

(7) Voyez mon *Catalogue*, n° 394 ; cf. Gerhard, *Rapp. volc.*, n. 742, et *Archæologisches Intelligenzblatt der allgemeinen Literatur-Zeitung*, Julius 1836, S. 330.

39—F. 16, avec couvercle rapporté. (*Amph. tyrrh.*). Peint. n. Vulci. — **HEPAKLES**, *Hercule*, couvert de la peau de lion, muni d'un carquois, et l'épée à la main, attaque le triple **ΓΕΡΥΟΝΕ...**, *Géryon*. Celui-ci est figuré sous la forme la plus ordinaire de trois hoplites barbus, combattant de front. Les trois casques qui arment les trois têtes sont variés de forme; l'un a un cimier bas, celui de l'autre est très-élevé et le troisième double. Une des têtes regarde en arrière et ne prend plus part au combat. Une flèche est entrée dans son cou; une flèche a percé également la seconde tête. *Géryon* est armé de trois lances et de trois boucliers argiens. Celui dont l'emblème est visible montre le *Gorgonium* sous son aspect le plus hideux. Le berger **EVPVTIOS** (*sic, rétrograde*), *Eurytion* est étendu à terre aux pieds des combattants. Il tient une large épée de la main droite; sa tête a été traversée d'outre en outre par une flèche. Le berger est coiffé du piléus et vêtu d'une tunique courte et d'une nébride; son carquois pend sur ses épaules. A côté d'*Hercule* est tombé un javelot. En arrière du héros on lit : **EX-SEKIAS EΠOIESE**, *Exekias a fait*. Derrière *Géryon* est écrit : **STESIAS KALOS** (*rétrograde*), *Stésias est beau.*

R. Un quadrige monté par un hoplite nommé **ANXIΠOS**, *Anchipus*, et guidé par un aurige, vêtu d'une tunique talaire et d'une nébride. Au-dessus des chevaux vole une *Sirène*. Les chevaux portent les noms de **SEMOS** (*rétrograde*), *Semus*, **ΓVPOKOME**, *Pyrocomé*, **KALIQOME**, *Calicomé*, et **KALIΦOPA**, *Caliphora* (1).

C'est ici probablement le quadrige d'*Hercule* monté par deux de ses compagnons. La *Sirène* figure dans ce cas l'âme de *Géryon* (2).

Sur le couvercle sont peints trois cerfs et trois

Sirènes. Près d'une des *Sirènes* sont deux mots en caractères indéchiffrables (3).

Haut., sans le couvercle, 16 pouces 6 lignes.

(1) Décrit dans mon *Cat. Durand*, n° 296. Σεμος pour σιμος, le *camus*; πυροκομε, la *crinière de feu*; χαλιχομε, la *belle crinière*; χαλιφορα, le *joli bijou*.

(2) La forme de la Sirène, pour désigner l'âme, se trouve sur plusieurs vases. Voyez mon *Cat. étrusque*, n° 139, note 1, et les réflexions de M. Ph. Lebas, *Mon. d'antiquité figurée*, p. 150.

(3) Ce couvercle est décrit dans mon *Catalogue Durand*, sous le n° 28.

40 — F. 17. (*Amph. bachique*). Peint. n. Vulci. — *Lutte d'Hercule* et de *Nérée*. *Hercule*, barbu et coiffé de la peau de lion, est à cheval sur le dieu marin et le tient étroitement embrassé. Un carquois est suspendu sur le dos d'*Hercule*. *Nérée* est figuré avec une longue queue de poisson à grandes écailles. **SOSTRATOS KAVOS, KAPTA**, *Sostratus est beau, bur certes*.

R. *Bacchus* barbu, couronné de lierre et vêtu d'un ample manteau qui recouvre une tunique talaire, tient le canthare. De chaque côté un *satyre* (1).

Haut., 13 pouces 7 lignes.

(1) Décrit dans mon *Cat. étrusque*, n° 83.

41 — F. 27. (*Hydrie*). Vase brûlé et par conséquent brisé; les fragments ont été simplement réunis et rapprochés les uns des autres. Nola. — *Hercule au jardin des Hespérides*. Au centre de la composition est l'arbre chargé des pommes d'or; le dragon gardien, *Ladon*, représenté ici avec trois têtes (1), est entortillé autour du tronc. Les *Hespérides*, au nombre de sept, selon la tradition ordinaire (2), sont rangées trois à droite et quatre à gauche de l'arbre. Au milieu des trois placées à droite, paraît *Hercule* imberbe, ayant sus-

pendue sur le bras gauche la peau de lion, et s'appuyant de la main droite sur sa massue; il se retourne vers une femme que nous ne comptons pas au nombre des *Hespérides;* celle-ci est vêtue d'une double tunique sans manches; son nom, tracé près d'elle, est **NIKH**, *Niké, la Victoire Aptéros* ou sans ailes; elle remplace ici la déesse Athéné; d'une main elle semble attacher une bandelette au front d'*Hercule.* Au-dessus du héros on distingue encore les caractères **OΛ.** En arrière de *Niké* est une *Hespéride* vêtue d'une tunique talaire et enveloppée dans son péplus; elle tient une pomme. De l'autre côté d'*Hercule* est la seconde *Hespéride*, qui est vêtue, comme ses six compagnes, d'une tunique talaire et d'un péplus; son front est orné d'une stéphané; près d'elle on aperçoit encore les caractères **K...ΛET.** Les deux *Hespérides*, placées de chaque côté de l'arbre, tiennent chacune une pomme et ont la tête ornée d'une stéphané. Les trois autres, qui suivent à gauche, semblent accourir; l'une d'elles a la tête enveloppée d'une coiffe (3).

Haut., 14 pouces 9 lignes.

(1) Apoll. Rhod. (*Argon.* IV, 1396; cf. Hesiod. *Theogon.* 334; Serv, *ad* Virg. *Æn.* IV, 484). Le Scoliaste d'Apollonius de Rhodes (*ad l. l.*) donne *cent têtes* au dragon *Ladon.*

(2) Diodor. Sicul. IV, 26.

(3) Décrit dans mon *Cat. Durand*, n° 307; cf. le vase publié par Millin, *Vases peints*, I, pl. III.

42 — F. 17. (*Amphore bachique*). Peint. n. Vulci. — *Hercule au jardin des Hespérides.* Au centre est l'arbre chargé des pommes d'or, au pied duquel est un cerf (1). *Hercule*, barbu, vêtu de la dépouille du lion et armé d'une massue et d'une épée, semble s'éloigner en retournant la tête vers l'arbre. De

l'autre côté à droite sont placées deux *Hespéri-des* (2), vêtues de longues tuniques et de péplus. Elles semblent montrer à *Hercule* le cerf, et l'une fait un geste de la main droite, comme pour l'inviter d'approcher.

R. *Bacchus* barbu, revêtu d'un ample manteau et couronné de lierre, guide un quadrige à droite. Le dieu tient le canthare, un cep de vigne et le fouet pour aiguillonner les chevaux (3).

Haut, 18 pouces.

(1) Il paraît que l'artiste qui a peint ce vase, a voulu joindre à la conquête des pommes d'or, onzième travail d'Hercule, le troisième qui a pour but la prise de la biche Cérynite, aux pieds d'airain et aux cornes d'or. Voyez les réflexions de M. Panofka sur la biche Argé, *Ann. de l'Inst. arch.*, II, p. 196, et celles de M. le duc de Luynes sur le casque de Vulci de sa collection, *Nouvelles Ann.*, I, p. 55 et suiv. D'après Apollodore (II, 5, 3), Hercule poursuit la biche Cérynite jusqu'au fleuve *Ladon*. Nous avons vu (*supra*, n° 41), que le dragon, gardien des pommes d'or, se nomme *Ladon*. On dit aussi que la biche se réfugia dans le pays des Hyperboréens. Schol. *ad* Pindar. *Olymp.* IV, 53. Les *Hespérides* d'un autre côté sont également placées chez les Hyperboréens. Apollod., II, 5, 11.

(2) Le nombre de deux pour les Hespérides se trouve aussi dans les auteurs anciens. Palæphat. *de Incred.* 19. Cf. l'intéressant article de M. Millingen, dans les *Ann. de l'Inst. arch.*, VI, p. 339.

(3) Décrit dans le *Cat. Durand*, n° 308.

43 — F. 8. (*OEnochoé*). Peint. n. Vulci. — La dispute du trépied. *Hercule* est barbu, couvert de sa peau de lion, et armé de la massue. *Minerve*, armée d'un casque, d'une lance et de l'égide, est près du héros. *Apollon*, vêtu d'une simple chlamyde, veut retenir le trépied, en le saisissant par les deux anses. Derrière le dieu est sa sœur *Diane*, vêtue d'une tunique talaire et d'un péplus; elle tient un javelot (1).

Haut., 7 pouces 9 lignes.

(1) Décrit dans mon *Cat. Durand*, n° 312.

44 — F. 26. (*Hydrie*). Peint. n. Vulci. — *Hercule* enlève le trépied de Delphes. Le héros est barbu et couvert de la peau de lion; il est armé d'une épée suspendue à son côté et d'un carquois. De la main droite il saisit le trépied, et de la gauche levée il menace de frapper de sa massue. *Apollon* s'efforce de retenir le trépied. Le dieu est imberbe, couronné de laurier et vêtu d'une tunique courte, par-dessus laquelle est une nébride. Un carquois est suspendu à son côté. Des bottines chaussent ses pieds. Entre les deux adversaires est *Hermès*, qui fait un geste de surprise et se retourne vers *Apollon*. *Hermès* est barbu, coiffé du pétase, et vêtu d'une courte tunique blanche et d'une chlamyde noire; ses pieds sont chaussés de bottines. Le caducée est dans sa main droite. En arrière d'*Hercule*, à droite de la scène, est *Minerve* debout, dans une attitude roide. Le costume de la déesse se compose d'un casque à cimier élevé, d'une longue tunique brodée, recouverte de l'égide à écailles et hérissée de serpents, et d'un petit péplus. Dans sa main droite est la lance. En arrière d'*Apollon* est placée *Diane*. La déesse est revêtue d'une tunique brodée et d'un péplus; le modius ou plutôt le *pyléon* couronne sa tête. Un carquois est suspendu sur son dos, et un arc est dans sa main gauche levée.

Frise supérieure. Combat de *Thésée* contre le *Minotaure*, en présence de trois éphèbes et de deux jeunes filles. Le héros saisit son adversaire par la tête, tandis qu'il lui plonge de la main droite son épée dans la poitrine. Le costume de *Thésée* se compose d'une tunique courte, d'une nébride et de bottines. Des deux jeunes filles placées de chaque côté du groupe et qui sont vêtues de tuniques talaires et de péplus, celle qui est derrière *Thésée* tient une couronne. Deux des éphèbes ont des chlamydes; le troisième a une tunique brodée. Ces assistants sont ordinairement les jeunes Athéniens que *Thésée* vient délivrer, en mettant à mort le monstre du labyrinthe. Quelquefois on voit, dans ces scènes, *Minerve* et *Ariadne* qui tiennent des couronnes.

Marque irrégulière sous le pied.

Haut., 17 pouces 2 lignes.

45 — F. 26. (*Hydrie*). Peint. r. Vulci. — *Hercule* amené par *Hermès* à *Athéné* (1). Le héros est assis sur un cube; il est barbu et coiffé de la peau de lion; un manteau enveloppe le bas de son corps. Dans sa main droite est la massue, et la gauche levée, il semble adresser la parole à *Minerve*. Au centre est *Mercure* debout; il fait le même geste que fait *Hercule*. Le dieu est barbu et coiffé d'un casque (κυνῆ); des bottines ailées chaussent ses pieds; une chlamyde est par-dessus sa tunique courte; dans sa main droite est le caducée. *Minerve* est assise sur un cube, en face d'*Hercule*, à l'autre extrémité de la scène. La déesse étend la main droite vers le héros. Un ample péplus, une tunique talaire, un casque et une lance composent l'ajustement de *Minerve*.

Frise supérieure. *Hercule*, entièrement nu et imberbe, étouffe entre ses bras le lion de Némée. En arrière du fils d'Alcmène est *Minerve*, assise sur un cube. La déesse est vêtue d'une tunique talaire et d'un péplus; elle tient un casque et une lance. A droite du tableau, près du lion sont la chlamyde et la massue d'*Hercule*. Inscriptions illisibles.

Haut., 14 pouces 6 lignes.

(1) L'explication que nous avons proposée de ce sujet dans le *Cat. étrusque*, n° 89, note, en suivant l'opinion de M. Ch. Lenormant dans le *Cat. Durand*, n° 317, a soulevé de graves critiques, malgré la note que nous avions eu la précaution d'y joindre. M. Gerhard (*Archäologisches Intelligenzblatt der allgemeinen*

Literatur-Zeitung, Januar, 1838, S. 30) avoue pourtant que l'interprétation qui rattache ce sujet au mythe d'Hercule vendu à Omphale, que cette interprétation, dis-je, est ingénieuse. Cependant le petit vase, n° 317, de la collection Durand, est regardé par le même savant (*l. cit.* Julius 1836, S. 324), comme se rapportant plutôt à l'apothéose d'Hercule. M. Raoul Rochette (*Journal des Savants*, septembre 1837, p. 518), ne voit sur le vase que nous décrivons ici sous le n° 45, qu'*Hercule au début de sa carrière aventureuse, tenant conseil avec les deux divinités qui le protégent*. Le même archéologue (*l. cit.*, p. 517), va plus loin, et proteste contre l'assimilation d'*Omphale* à *Athéné*, en s'appuyant de l'avis de M. Welcker (*Rheinisches Museum*, T. V, S. 136), qui repousse aussi les dénominations de personnages doubles, tels qu'*Apollon-Orphée, Minerve-Nausicaa, Junon-Pasiphaé* et *Jupiter-Minos*. Cf. Gerhard *Archäologisches Intelligenzblatt*, Julius 1836, S. 317. Il nous serait facile de répondre à ces objections, si c'était ici la place de réfuter en détail les raisonnements du savant archéologue. Ces accouplements de noms ne sont pas si contraires aux idées des anciens qu'on n'en trouve pas des traces, même fréquentes, dans les textes. Je me contenterai pour cette fois de citer non une *Junon-Pasiphaé*, mais une *Aphrodite-Pasiphaé*, adorée dans la Laconie (Lydus, *de Mensibus*, IV, p. 79, Bonn), la même probablement que Pausanias (III, 26, 1) nomme *Paphia* (cf. Plutarch. *in Agid.*, 9); un *Zeus-Agamemnon* honoré à Sparte (Clém. Alex. *Protrept.*, p. 32, Potter); une *Athéné-Aglauros* dont le culte existait à Athènes (Harpocrat. *v.* Ἀγλαυρος); un *Posidon-Erechtheus* à Athènes également (Hesych. *v.* Ἐρεχθεύς), ou un *Zeus-Erechtheus* (Tzetz *ad* Lycophr. *Cassandr.* 158); une *Aphrodite-Ctésylla* (Nicand. *ap.* Antonin. Lib. I); un *Jupiter* ou un *Apollon-Aristœus* (Athenagor, *Legat. pro Christ.*, XIV). Certes ces exemples justifient l'assimilation des héros aux dieux. *Athéné* est une déesse guerrière dont on retrouve le prototype dans les Amazones et dans la Sémiramis de Babylone. L'Omphale de la Lydie qui exige des victimes humaines (ξενοκτονούση) est, comme l'a justement observé M. Raoul Rochette, une forme de la divinité orientale, honorée par les sacrifices humains et par la prostitution des femmes. Cf. l'Aphrodite Ἀνδροφόνος. Plutarch. *Amator.*, t. IX, p. 76, Reiske. Minerve se rattache aux mêmes religions par le culte barbare qu'on lui rendait à Laodicée et sous le nom d'Aglauros à Chypre (Porphyr. *de Abst.*, II, 54); sous celui de Sciras à Athènes. Voyez mon article sur l'Aphrodite Colias, dans les *Nouvelles Ann.*, I, p. 84. Dans les deux premières localités c'est une déesse cruelle et sanguinaire; l'Athéné Sciras est la protectrice des courtisanes.

46 — F. 17. (*Amph. bachique*). Peint. n. Vulci.
— *Hercule*, assisté de *Minerve*, combat contre deux
géants. *Hercule* est barbu, vêtu de la peau de lion,
armé d'une lance, d'une épée au côté et d'un bouclier argien qui a pour emblème un trépied. *Minerve* est armée d'un casque, d'un carquois, d'une
lance et d'un bouclier argien décoré d'une tête de
taureau. La déesse est vêtue d'une tunique talaire
et d'un péplus. Les boucliers des deux *géants* sont
argiens ; l'un montre trois globules.

R. Combat de quatre hoplites; leurs boucliers
argiens offrent un trépied, une tête de taureau,
des globules (1).

Haut., 7 pouces 8 lignes.

(1) Décrit dans mon *Cat. Durand*, nᵒ 319.

47 — F. 17. (*Amphore bachique*). Peint. n. Vulci.
— *Minerve* placée entre *Hercule* et *Mercure*. La
déesse, armée de pied en cap, porte un grand bouclier argien sur lequel est représenté le *triskèle*
peint en blanc; au centre la tête de Méduse. Près
de *Minerve* est une panthère. *Hercule*, placé en
regard avec la déesse, est barbu, couvert de la dépouille du lion et armé d'un carquois et d'une
épée. Il tient la massue de la main droite et lève
la gauche. *Mercure*, placé derrière *Minerve*, porte
une simple baguette. Le dieu est barbu, coiffé du
pétase vêtu d'une tunique courte et d'une chlamyde, et chaussé de bottines.

R. Répétition du même sujet. Le bouclier de
Minerve porte pour emblème une jambe, au lieu
du *triskèle* (1).

Haut., 16 pouces 6 lignes.

(1) Décrit dans le *Cat. Durand*, nᵒ 323.

48 — F. 16. (*Amphorè tyrrh.*). Peint. n. Vulci.
— *Hercule*, précédé de *Minerve* et suivi de *Mercure*,
est couvert de la peau de lion et porte la massue.
Le héros est barbu. *Minerve*, revêtue d'une tunique
étoilée et armée d'un casque et d'une lance, tient
de la main gauche une couronne. *Mercure* est
barbu; son costume se compose du pétase, d'une
tunique courte recouverte d'une nébride et de
bottines. Il tient de la main droite le caducée. Inscriptions illisibles.

R. *Bacchus* assis sur un trône entre deux *satyres*
ithyphalliques, barbus qui se retournent pour re-
garder le dieu. *Bacchus* est barbu, couronné de
lierre et revêtu d'une tunique talaire et d'un manteau; dans sa main gauche est le canthare. Les
pieds du trône reposent sur des griffes de lion;
une tête de cygne termine l'extrémité du dossier (1).

Haut., 13 pouces 6 lignes.

(1) Décrit dans mon *Cat. Durand*, n° 325.

49 — F. 1. Peint. r. Vulci. — *Hercule* et *Bacchus*. Le héros est barbu, coiffé de la peau de
lion, et armé d'un arc, du carquois et de la massue. *Bacchus* est barbu, couronné de lierre et
vêtu d'une tunique talaire, que recouvre une tunique courte, façonnée comme une cuirasse par-
dessus laquelle est un ample manteau. Dans la
main droite il tient le canthare et dans la gauche
une branche de lierre. Six *satyres* accroupis et
dans des poses obscènes entourent ce groupe. Tous
ces *satyres* sont placés sur une espèce de base qui
règne autour de la panse du vase, et en bas de laquelle sont rangés neuf vases f. 20, peints en noir.
Entre *Bacchus* et *Hercule* est un canthare également peint en noir. Un grand nombre d'inscrip-

tions illisibles se trouvent entre les figures. VSIS .
IO . ΛEΛNE, etc., probablement des acclamations
bachiques (1).

Sous le pied un monogramme formé d'un Λ
et d'un K entrelacés.

Haut., 12 pouces.

(1) Décrit dans mon *Cat. étrusque*, n° 94.

2. MYTHES DIVERS.

50 — F. 30. Style *tyrrheno-phénicien* (1). Peint.
noires, violettes et blanches. Grande-Grèce. —
ADRESTOS (*sic*), *Adraste* est couché sur une
cliné près de laquelle sont une table et un *hypopodium*. Le roi d'Argos est revêtu d'une tunique
blanche et d'un manteau noir et pourpre ; sa
barbe est colorée en pourpre. En arrière d'*Adraste*
à droite est une chouette ; aux pieds de la cliné
sont cinq personnages tous imberbes et enveloppés dans leurs manteaux. Trois sont debout, et les
deux autres assis à terre ; l'un de ceux-ci semble
être une femme. C'est sans doute *Ériphyle*. A l'extrémité de la composition est une colonne dorique.
On lit le nom de **TVD . VS**, *Tydée*, près de l'é-
phèbe qui est debout à côté de la colonne ; le nom
d'**OMAѰOS**, *Omachus*, est tracé derrière la colonne, sous l'anse.

R. Une femme à quatre ailes recoquillées, semblable aux figures ordinaires des Gorgones, placée entre deux sphinx qui détournent la tête.
M. Panofka appliquait à cette Gorgone le nom
d'*Adrastée* à cause de la présence du roi *Adraste*
peint sur le côté principal de ce vase (2). La tête

est de face, les cheveux hérissés, la langue hors
de la bouche, comme dans les représentations
hideuses des Gorgones qui nous sont connues par
plusieurs vases; ses bras sont cachés sous son vêtement. Sa course rapide et ses jambes ployées la
font ressembler absolument aux figures d'Éris qui
se remarquent quelquefois dans l'intérieur des coupes (3).

Les chairs de toutes les figures sont colorées en
blanc (4).

Haut. , 8 pouces 6 lignes.

(1) M. Gerhard (*Archæologisches Intelligenzblatt der allgemeinen Literatur-Zeitung*, Halle, Julius, 1836, S.307) n'admet pas
cette dénomination de *style phénicien*, qu'il regarde comme erro-
née, et préfère voir dans ces sortes de vases des imitations de l'art
égyptien. M. Welcker (*Rheinisches Museum*, V, S. 134, und 135)
semble adopter cependant notre opinion. Cf. Lenormant, *Cours
d'Histoire ancienne*, p. 278.

(2) C'est par une erreur typographique que ce vase a été cité
dans mon *Cat. étrusque*, n° 6, dans la note, comme portant le nom
d'*Adrastée* tracé à côté de cette Gorgone. On doit lire dans cet
endroit : *Nous connaissons un vase qui représente la déesse
Adrastée*, au revers d'Adraste, *avec son nom écrit à côté de lui*
ΑΔΡΕΣΤΟΣ (*sic*).

(3) Une coupe surtout de M. le professeur Gerhard qui sera
publiée dans l'*Élite des mon. céramographiques*. Cf. Panofka,
Mus. Blacas, pl. xix.

(4) Ce vase offre des traces de restaurations antiques; comme
il a beaucoup souffert par des retouches modernes, on ne peut rien
affirmer sur le colorage en blanc pour les chairs des personnages
mâles, quoique dans certaines parties, il soit évidemment antique.
Il est vrai aussi que la fabrique du vase, qui appartient à la manière
phénicienne, admet un système de colorage différent de celui des
autres vases à figures noires dont on possède un plus grand nombre.

51 — F. 17. (*Amph. buchique*). Peint. n. Vulci.—
Deux cavaliers, peut-être des chasseurs, partant
pour Calydon. Tous deux ont des casques, des
tuniques courtes et des chlamydes. Ils portent
chacun deux javelots. Le premier à droite a de

plus un bouclier. Deux chiens accompagnent ces cavaliers.

R. Un hoplite accompagné d'un archer. Sur le bouclier argien qu'il porte est tracée la partie postérieure d'un cheval peinte en blanc. A droite un vieillard drapé, à cheveux blancs; il tient un bâton. A gauche une femme qui a les mains couvertes de son péplus.

On pourrait voir ici *Méléagre*, *Atalante* et *OEnée*, si on adoptait l'explication que nous avons proposée pour la première peinture de ce vase (1).

Sous le pied trois marques.

Haut., 15 pouces 6 lignes.

(1) Cf. une peinture analogue dans mon *Cat. étrusque*, n° 123. Voyez aussi Passeri, *Pict. in vasc.*, tab. CLXIX.

52—F. 29. (*Cylix*). Peint. r. Vulci.—Int. **EASON** (*sic*), *Jason* (1) essaye la force de sa lance de frêne. Le héros est légèrement barbu, armé d'une cuirasse écaillée, recouverte d'une chlamyde; son épée est suspendue à son côté; des cnémides garantisssent ses jambes. Près de sa lance sont à terre un casque à géniastères et un grand bouclier argien; l'emblème de ce bouclier est un cheval en course, peint en noir sur fond rouge. En arrière de *Jason* est un petit éphèbe, dans lequel nous reconnaissons le jeune *Absyrte*, frère de Médée (2). Il est entièrement nu et détourne la tête à gauche.

Ext. Deux jeunes pugiles nus, les mains garnies de lanières de cuir, combattent en présence d'un pédotribe. Le sang coule de leurs narines. Le pédotribe est barbu et couronné de laurier; il tient un bâton noueux et une baguette flexible. Le tribon couvre ses épaules. A gauche, en arrière de ce pédotribe, sont deux autres personnages, savoir : un jeune discobole et un athlète barbu qui tient un strigile; tous deux ont des couronnes de laurier. L'éphèbe, la main droite levée, semble s'étonner de voir son camarade couvert de sueur. Dans le champ est suspendu un lécythus; une espèce de pioche (3) est à terre, entre les deux athlètes. ΓΛΟΕΙ.

R. Deux jeunes pugiles; l'un est déjà renversé à terre, et s'efforce de se défendre. Le combat a lieu en présence de deux pédotribes barbus et d'un athlète drapé dans son tribon. Les mains des deux lutteurs sont garnies de lanières de cuir. Le pédotribe frappe avec une baguette flexible sur la tête du vainqueur, pour faire cesser le combat. Le visage des deux lutteurs est ensanglanté. Les deux pédotribes ont pour costume le tribon; leurs têtes sont ornées de couronnes de laurier; des bâtons noueux sont dans leurs mains. Le second de ces pédotribes paraît faire un geste de surprise ou plutôt de satisfaction, aussi bien que l'éphèbe placé à gauche des lutteurs. Ce dernier s'appuie sur un bâton noueux; une couronne de laurier entoure son front. ΕΟ..... ΟΙΓ ΕΙΔΙΕΙ (4).

Diam., 12 pouces 3 lignes.

(1) *Easun* en caractères étrusques se lit sur un scarabée de la collection de M. Fr. Carelli à Naples. On y voit *Jason* placé près du navire Argo; il tient un marteau. Micali, *Storia degli ant. pop. italiani*, tav. CXVI, 2.

(2) Schol. *ad.* Apoll. Rhod. *Argon.* III, 242.

(3) Voyez ce que nous avons dit de cet instrument dans le *Cat. étrusque*, n° 38, note 2, où nous avons rapporté l'opinion de M. Bröndsted et celle de M. Gerhard sur cet objet.

(4) Décrit dans mon *Cat. Durand*, n° 257.

53 — F. 19. (*Peliké*). Peint. n. Vulci. — Une femme, assise sur un siége, caresse un bouc placé devant elle, et qui détourne la tête à droite. La

jeune femme est vêtue d'une tunique talaire , et d'un péplus sous lequel est cachée sa main gauche. Le dossier du siége se termine par une tête de cygne, tandis que les pieds reposent sur des griffes de lion. Près du bouc est un arbre dont les rameaux ombragent la composition.

R. Ici on voit le même sujet. La femme est exactement dans la même pose, mais elle présente au bouc une fleur, peut-être le *Pœderos*. Le siége, sur lequel elle est assise, est un ocladias. Nous croyons reconnaître ici *Hermès* changé en bouc et *Pénélope* (1).

Haut., 12 pouces.

(1) Schol. *ad* Theocrit. *Idyll.* VII, 109; Serv. *ad* Virg. *Æn.* II, 44. Ce ne peut être *Égine*; car, dans ce cas, ce serait la jeune fille qui devrait être figurée sous la forme d'une *chèvre*. Voy. Panofka, *Zeus und Ægina*, S. 7, n. 2.

54 — F. 19. (*Peliké*). Peint. r. Nola. — **ΘΕSVS** (sic). *Thésée* va immoler le *Minotaure*. Celui-ci a déjà reçu une large blessure dans la poitrine. Le héros athénien est vêtu d'une tunique courte; il est imberbe; de la main droite il tient l'épée, et de la gauche il saisit une des cornes du *Minotaure*. Le pétase est suspendu sur ses épaules.

R. Un éphèbe drapé, tenant un bâton en forme de béquille.

Sous le pied **O** et deux autres marques.

Haut., 10 pouces 7 lignes.

55 — F. 19. (*Peliké*). Peint. jaunes. Nola. — *Thésée* imberbe, vêtu d'une tunique courte et d'une chlamyde , saisit le *Minotaure* par les cornes. Le héros athénien est armé d'une épée. Son

adversaire se défend au moyen d'une pierre qu'il tient dans la main gauche.

R. *Iris* ou plutôt *Éris* ailée, vêtue d'une tunique talaire et la tête couverte d'une coiffe, tient de la main droite une fleur (*Pothos*) et de la gauche le caducée (1).

Haut., 7 pouces 7 lignes.

(1) Décrit dans le *Cat. Durand*, n° 337. L'intervention d'*Éris* dans les combats et les contestations, se remarque quelquefois sur les monuments. Voyez ma *Lettre à M. Gerhard sur quelques miroirs étrusques* dans *les Nouvelles Ann.* I, p. 516.

56 — F. 29. (*Cylix*). Peint. n. Vulci. — Ext. *Thésée* combat l'Amazone *Hippolyte*. Le héros athénien est à pied ; il est couvert d'une armure complète ; son bouclier est béotien. L'*Amazone* est à cheval. Elle est armée d'un casque, d'une cuirasse, d'une épée à la ceinture, et d'un javelot dans chaque main. Un javelot va tomber à côté du cheval. On doit remarquer l'attache ou courroie ($\dot{\alpha}\gamma$-$\varkappa\dot{\upsilon}\lambda\eta$) qui sert à lancer le javelot (1). De chaque côté un grand œil et sous les anses des ceps de vigne entortillés.

R. Combat de deux compagnons de *Thésée* contre une *Amazone*. Cette dernière est armée d'un casque, d'un bouclier argien, d'une cuirasse, d'une épée à la ceinture et de cnémides ; elle tient dans sa main gauche un javelot. Une guirlande de lierre orne son bouclier. L'*Amazone* est renversée aux pieds de l'hoplite qui va la percer de son javelot. A gauche de ce groupe est un second hoplite qui tourne le dos à la scène et semble diriger son javelot du côté de l'Amazone *Hippolyte*. Un serpent peint en blanc est l'emblème qui décore son grand bouclier argien. De chaque côté un grand œil et des ceps de vigne.

Int. Le *Gorgonium* vu de face.

Diam., 12 pouces 9 lignes.

(1) Voyez Lenormant, *Ann. de l'Inst. arch.* IV, p. 77. Visconti avait déjà remarqué cette courroie à un javelot porté par un Niobide sur un sarcophage du Vatican (*Mus. Pio Clem.* IV, tav. XVII). Cf. mon *Cat. Durand*, n° 708, note.

57 — F. 16. (*Amphore tyrrh.*). Peint. n. Vulci. — Un homme et une femme sur un quadrige à droite. L'homme est barbu et revêtu d'un manteau ; il tient les rênes et le fouet. La femme est voilée et vêtue d'une tunique talaire. A côté des chevaux marchent, l'un près de l'autre, *Ariadne et Bacchus.* Le dieu est barbu, couronné de lierre et vêtu d'un manteau. Il porte le céras et une branche de lierre. *Ariadne* a la tête voilée. En avant des chevaux est *Mercure* qui détourne la tête à droite en dehors de la scène. Le dieu est barbu, vêtu d'une tunique courte et d'une chlamyde et chaussé de bottines ; sa tête est nue (1). R. *Bacchus* précédé et suivi d'un *satyre*, *Comus et Œnus.* Le dieu est barbu, revêtu d'une longue tunique blanche et d'un manteau noir et couronné de lierre. *Comus* joue de la double flûte. *Œnus* porte une outre sur ses épaules et tient l'œnochoé (2).

Haut., 13 pouces 6 lignes.

(1) Dans mon *Cat. étrusque*, n° 126, j'ai tâché de fournir quelques éclaircissements sur ces sujets qui restent toutefois d'une interprétation fort douteuse. Aussi longtemps que des inscriptions ne viennent fixer le sens de ces peintures, on sera toujours embarrassé de donner des noms positifs aux deux personnages placés sur le quadrige.

(2) Décrit dans mon *Cat. Durand*, n° 646. Ce vase a été indiqué par erreur comme de fabrique sicilienne.

3. SUJETS ILIAQUES.

58 — F. 19. (*Pelikē*). Peint. r. Vulci. — L'enlèvement de *Thétis*. *Pélée* tient la déesse embrassée. Le héros est imberbe et nu à l'exception d'une chlamyde, qui flotte sur ses épaules. Une épée est suspendue à son côté. Une couronne de myrte ceint sa tête. *Thétis* est revêtue d'une tunique talaire et d'un péplus. Elle lève les deux bras en signe de surprise et d'effroi, et se retourne vers une de ses compagnes. Le cécryphale entoure sa tête. Aux pieds de la déesse est un dragon barbu, dont les replis se développent sur la tunique de *Thétis*. Une panthère a sauté sur l'épaule de *Pélée* et veut le mordre au cou. De chaque côté de ce groupe est une *Néréide;* toutes deux sont vêtues de tuniques talaires et de péplus. Une coiffe enveloppe leurs cheveux. Celle à gauche lève les deux mains en signe de surprise, et se retourne vers le groupe central. La seconde *Néréide* s'enfuit et se retourne encore vers le lieu de la scène. Dans sa main droite est un dauphin. Près de cette *Néréide* on voit un second dragon dont les énormes replis sont en partie cachés dans une grotte; près de cette grotte est un tronc d'arbre dépouillé de ses feuilles.

La composition fait tout le tour du vase et se continue même à la place des anses. A la suite donc de la *Néréide* placée à gauche, et en arrière du groupe principal, se présente le Centaure *Chiron*. La tête et le buste de ce personnage sont peints sur l'anse du vase. *Chiron* est barbu et couronné de myrte. Un manteau couvre son épaule gauche et descend par devant jusqu'à ses pieds. Une branche d'arbre est dans sa main gauche. Les pieds antérieurs du Centaure sont de forme humaine ; à ce personnage drapé, semblable en tout aux pédotribes qu'on rencontre si souvent sur les vases peints , se rattache le train de derrière d'un cheval. A côté du Centaure, mais lui tournant le dos, est *Nérée,* ou plutôt *Posidon* (1). Le dieu marin est de forme purement humaine (2). Il est barbu, couronné de myrte et enveloppé dans un ample manteau. Dans sa main gauche est un sceptre; il lève la droite en signe de surprise. *Posidon* fait partie d'un groupe de quatre figures. La première qui vient à sa suite est une femme vue de face, placée derrière un autel élevé sur deux degrés (3). Cette femme est *Amphitrite* (4) ou *Doris*, épouse de *Nérée* (5). Un diadème entoure sa tête. Son costume consiste en une longue tunique plissée et un péplus. Elle lève la main droite et semble de la gauche toucher l'épaule de *Posidon* ; ses regards sont abaissés vers l'autel. A côté d'*Amphitrite*, à gauche, sont deux *Néréides* vêtues de longues tuniques ; l'une accourt vers sa mère, en relevant un bout de son vêtement; la seconde se dirige vers le groupe de l'enlèvement, et se retourne vers *Amphitrite* ou *Doris*. Une partie du corps de cette seconde *Néréide* est cachée par l'anse du vase.

Haut., 14 pouces 9 lignes.

(1) Selon la tradition la plus connue , *Thétis* est fille de *Nérée.* Mais Catulle (LXIV, 28) nomme à la place de *Nérée* , *Neptune.* Nous pouvons donc sans inconvénient reconnaître ici ce dieu. Cette remarque a déjà été faite dans ma Monographie sur l'enlèvement de Thétis. *Ann. de l'Inst. arch.*, IV, p. 127; cf. p. 92.

(2) Il n'est pas très-rare de voir *Nérée* sous une forme purement humaine. Dans mon *Cat. Durand*, n° 378 j'ai décrit une coupe sur laquelle *Nérée* est figuré sous la forme d'un personnage mâle enveloppé dans un manteau; son nom (Νηρευς) se lit près de lui.

(3) Cet autel pourrait faire allusion au *Thétidion* (Eurip., *Andromach.* 20). Voy. Raoul Rochette, *Mon. inéd.*, p. 16. Il peut aussi se rapporter à la métamorphose de *Thétis* en feu. (Apollod. III,

13, 5; Sophocl. *ap.* Schol. *ad* Pindar. *Ném.* III, 60). On retrouve
dans cette réunion de symboles marins et ignés, le dauphin et
l'autel allumé, la même idée que représente l'arc-en-ciel sur un
vase montrant l'enlèvement de Thétis (Passeri, *Pict. in vasc,*
tab. IX; Millingen, *Ancient uned. monum.,* pl. X). C'est un symbole qui indique l'union des deux éléments, le feu et l'eau. Cf. Lenormant, *Nouvelles Ann.* I, p. 263, et l'*Élite des mon. céramo-
graph.,* p. 34. Quelques autres vases peints offrent aussi l'autel
dans la scène de l'enlèvement de Thétis. Voyez le *Cat. Durand,*
n° 379, et le *Cat. étrusque,* n° 135.

(4) Le nom d'*Amphitrite* convient mieux à cette déesse que
celui de *Doris,* à cause de l'autel près duquel elle est placée ; cet
autel rappelle *Hestia* ou *Gœa; Amphitrite* est la déesse de l'élé-
ment humide qui environne la terre. D'ailleurs *Amphitrite* a la
même généalogie que *Doris;* c'est une Océanide ou bien une Néréide.

(5) Voyez ma Monographie sur l'enlèvement de Thétis, dans
les *Ann. de l'Inst. arch.,* IV, p. 92. Ce pourrait être aussi *Thalassa.*
Cf. la même Monographie, p. 112.

59 — F. 17. (*Amph. bachique*). Peint. n. Vulci.—
Le combat d'*Achille* et de *Memnon,* en présence
de leurs mères. Les combattants sont armés de
toutes pièces. **AXIΛEVS,** (*rétrograde*), *Achille*
a un bouclier béotien sans emblème; le bouclier de
MEMNΩN, *Memnon,* est argien. Des flots de sang
jaillissent de la cuisse gauche du fils de l'Aurore
qu'*Achille* vient de percer de sa lance. Aux pieds
des combattants gît **ANTIΛOXOΣ,** *Antiloque;* sa
tête est tout ensanglantée. Le héros est couvert de
son armure et tient encore son épée; près de lui
est sa lance. Les deux déesses **ΘETIΣ,** (*rétrograde*),
Thétis, et **AΩΣ** (1), l'*Aurore,* se tiennent chacune
près des combattants. Leur costume est absolument identique : une étroite tunique talaire, et un
péplus brodé sous lequel sont cachées leurs mains.

R. Un jeune hoplite, monté sur un cheval blanc,
mène en laisse un cheval noir. Sur son bouclier
argien est peinte la partie antérieure d'un sanglier.

Devant les chevaux est une grande fleur de l'espèce des liliacées (χρίνον). Un éphèbe debout et nu se tient devant le cavalier, et lève la main gauche. En arrière des chevaux vole un oiseau de proie qui porte dans son bec un serpent. Dans le champ deux fleurs de l'espèce de l'aster.

Ici on doit voir peut-être l'écuyer d'Achille, comme dans les représentations d'*Achille* et d'*Hémithéa* (2), ou d'*Achille* poursuivant *Télèphe* (3). L'aigle qui porte un serpent dans son bec ferait allusion à la victoire d'Achille sur le fils de l'Aurore (4).

Haut., 12 pouces 4 lignes.

(1) Il est très-rare de trouver sur les vases à peint. noires des noms écrits avec l'Ω et sans l'aspiration H; preuve que ce vase appartient à une époque comparativement récente.

(2) *Cat. Durand*, nᵒˢ 65, 382; *Cat. étrusque*, nᵒ 75, 122, et plusieurs dessins inédits que j'ai vus dans le portefeuille de M. Gerhard, pendant mon séjour à Berlin.

(3) *Cat. Durand*, nᵒ 385; cf. Panofka, *Ann. de l'Inst. arch.* VII, p. 119.

(4) Cf. l'*Élite des mon. céramographiques*, pl. VII, p. 13.

60 — F. 16. (*Amph. tyrrh.*). Peint. n. Vulci. — Combat d'*Achille* et de *Memnon*, en présence de *Thétis* et de l'*Aurore*. Les deux guerriers sont armés de toutes pièces. Sur le grand bouclier argien d'*Achille* est un trépied peint en blanc. *Memnon* est tombé à genoux et se défend encore avec sa lance. Le bouclier qu'il porte est béotien. Entre les jambes d'Achille on voit un oiseau de proie. C'est probablement l'âme de *Memnon*, symbolisée sous cette forme (1). Ovide (2) dit que du bûcher de *Memnon* s'envola un oiseau. Les deux déesses encouragent par leurs gestes les combattants. Elles sont toutes deux vêtues de tuniques richement brodées, recouvertes de péplus.

R. Un hoplite barbu prend congé d'un vieillard

4

et d'un enfant. La cuirasse de l'hoplite est blanche. Dans sa main droite il tient une phiale , et dans sa gauche une lance et un grand bouclier argien. Le petit éphèbe est vêtu d'une chlamyde ; il semble faire ses adieux au guerrier, en tendant les deux mains vers lui. Le vieillard est vêtu d'une tunique de pourpre et d'un manteau brodé ; ses cheveux et sa barbe sont blancs. Il lève la main droite et semble adresser un discours au guerrier qui va s'éloigner. Derrière le vieillard sont placés deux hoplites ; leurs grands boucliers argiens n'ont aucun emblème. On pourrait voir ici *Hector* qui prend congé de *Priam* ; dans ce cas le petit éphèbe serait *Astyanax*.

Un second groupe à gauche de celui que nous venons de décrire, montre un guerrier qui s'arme en présence d'une femme et d'un vieillard. Nous sommes portés à considérer ce groupe comme entièrement indépendant et séparé de celui que nous venons de décrire. En effet, la femme debout tourne le dos à l'hoplite, dans lequel nous croyons reconnaître *Hector*, et celui-ci à son tour est adossé à cette femme. Si on admettait l'explication que nous avons proposée pour le premier groupe, on pourrait voir ici l'armement d'*Achille* (3). La femme serait *Thétis*. Une épée est dans la main droite de la déesse, qui est revêtue d'une tunique richement brodée et ornée de bandes de pourpre. *Achille* est nu et barbu. Une cnémide couvre déjà sa jambe gauche. Il s'apprête à attacher la seconde, tandis qu'entre ses jambes on voit un casque posé sur un large bouclier argien. Dans le vieillard placé en arrière d'*Achille*, nous reconnaîtrons sans peine *Phœnix*. Celui-ci est revêtu d'une tunique de pourpre et d'un manteau ; les cheveux et la barbe du vieillard sont blancs. Dans sa main gauche est une lance. Plusieurs inscriptions illisibles.

Sous le pied un monogramme formé d'une **M** et d'un **E** entrelacés, à côté un **Λ**.

Haut., 14 pouces 4 lignes.

(1) Cf. mon *Cat. étrusque*, n° 139, note 1.

(2) *Metamorph.* XIII, 604 sqq. Selon d'autres, les *Memnoni-des* étaient des oiseaux qui tous les ans venaient visiter le tombeau de Memnon (Serv. *ad* Virg. *Æn.* I, 751). Dans la Lesché de Delphes, Memnon était représenté vêtu d'une chlamyde sur laquelle étaient tracés des oiseaux Memnonides. Paus. X, 31, 2.

(3) J'avais un instant cru pouvoir rattacher à un seul événement les peintures qui décorent les deux faces de cette amphore. Dans cette hypothèse, les deux groupes peints au revers du combat d'*A-chille* contre *Memnon* auraient eu trait à la scène qui précède ce combat. Dans le premier groupe j'étais porté à voir *Memnon* prenant congé de *Priam*, et dans le second, *Achille* s'armant en présence de *Thétis*. Si cette dernière partie de mon explication peut être acceptée, l'autre n'offre en sa faveur aucune probabilité. En effet, le petit éphèbe, qui, suivant un passage de Pausanias (X, 31, 2), devrait être un jeune Éthiopien, ne présente aucun trait propre à la race noire. On connaît des représentations d'Éthiopiens sur les vases; voyez celui publié par l'*Inst. arch. Mon. méd.* I, pl. xxxv, où un Éthiopien est peint sur le bouclier d'Ajax. Cf. un autre vase avec deux Éthiopiens. *Bull. de l'Inst. arch.* 1835, p. 166. Du reste ces sortes de scènes de combat sont toujours sujettes à une explication arbitraire, quand elles ne sont pas accompagnées d'inscriptions, aussi bien que les représentations de combats entre deux guerriers. Cf. le vase publié par M. Millingen (*Anc. uned. mon.*, pl. iv), sur lequel on lit les noms d'Ἀχιλλεύς, Μέμνον et Ἥκτορ près des combattants, et celui que j'ai décrit dans mon *Cat. Durand*, n° 387, où *Diomède* combat *Hector*; ce vase appartient aujourd'hui à M. Raoul Rochette. On voit par ces variantes que des peintures parfaitement identiques pour la forme extérieure et la disposition des combattants peuvent se rapporter à plusieurs héros des poëmes d'Homère. Toutefois la première face de ce vase, où les combattants sont accompagnés de deux déesses, nous semble devoir être interprétée par le combat d'*A-chille* contre *Memnon*.

61. — F. 8. (*OEnochoé*). Peint. n. Vulci. — De chaque côté de *Minerve*, placée devant une base, sur laquelle sont posés les dés, sont accroupis les deux joueurs *Thersite* et *Palamède*, ou

Achille et *Ajax* (1); ils sont armés de toutes pièces. L'un porte un bouclier béotien, l'autre est armé d'un bouclier argien ayant pour emblème la partie antérieure d'un lion. *Minerve* est vêtue d'une double tunique et d'un péplus parsemé d'étoiles; elle est armée d'un casque et d'une lance. La déesse lève la main gauche, et se retourne vers le guerrier placé à gauche. **NEOTAKVO, KALÉ, ΔENOIEK, OSNIΛS** (2).

Haut., 10 pouces 6 lignes.

(1) **M.** Gerhard (*Archäologisches Intelligenzblatt der allgemeinen Literatur Zeitung*, Julius 1836, S. 331) préfère les noms d'*Achille* et d'*Ajax* à cause du vase du Vatican sur lequel on voit les deux guerriers jouant aux dés, désignés par ces inscriptions. *Mon. inéd. de l'Inst. arch.* II, pl. xxii.

(2) Décrit dans mon *Cat. Durand*, n° 400.

62 — F. 24. (*Cratère*). Peint. r. Vulci — **AE-ΘRA** (*sic*), *Éthra*, ramenée de sa captivité à Troie par ses deux petits-fils, **AKAMAΣ**, *Acamas*, et **ΔEMOΦON**, *Démophon* (1). La mère de Thésée est représentée comme une femme âgée, avec une figure ridée et avec des cheveux à moitié blanchis; elle s'appuie sur un bâton; sa longue tunique parsemée de pois noirs est recouverte d'un péplus; une bandelette entoure sa tête. *Démophon* tient *Éthra* par la main gauche et retourne la tête vers elle. Le héros est barbu et armé de toutes pièces; les géniastères de son casque (κράνος) sont relevées. Un Centaure, armé d'une branche d'arbre et peint en noir sur fond rouge, décore son grand bouclier argien. Une chlamyde recouvre sa cuirasse à écailles. En arrière d'*Éthra* marche *Acamas* qui détourne la tête à gauche en dehors de la composition, comme pour s'assurer que les ennemis ne viennent pas inquiéter sa retraite. Son armure est

semblable à celle de son frère, si ce n'est que son casque est l'*aulopis*; un pégase peint en rouge sur fond noir est l'emblème de son grand bouclier argien.

R. La dispute du trépied. *Hercule* barbu et entièrement nu a saisi le trépied sacré, et menace *Apollon* de sa massue, en levant le bras droit. Le dieu de Delphes a des formes juvéniles; il est entièrement nu et couronné de laurier. Une biche l'accompagne; de la main droite il saisit la massue d'*Hercule*, et de la gauche il s'efforce de retenir le trépied. Vers la partie supérieure, le trépied est enrichi de divers ornements; aux extrémités inférieures sont des griffes de lion (2).

Ce magnifique vase, le plus remarquable de cette collection, est du même style que le célèbre vase du *Crésus* (3), aujourd'hui au Musée du Louvre. Le tableau du retour d'*Éthra* a une grande analogie avec celui de l'enlèvement d'Antiope, peint au revers du Crésus.

Sous le pied un **E**.

Haut., 15 pouces.

(1) Paus. (X, 25, 3.
(2) Décrit dans mon *Cat. Durand*, n° 411. Publié *Mon. inéa de l'Inst. arch.*, II, pl. xxv et xxvi ; cf. Panofka, *Ann.* VII, p. 242.
(3) *Cat. Durand*, n° 421.

63 — F. 18, à anses cordées. (*Amph. de Nola*). Peint. r. Nola. — *Télémaque* prend congé de *Nestor*. Le fils d'Ulysse est armé d'un casque (*aulopis*), d'une lance, de cnémides, d'un bouclier argien et d'une cuirasse décorée d'une palmette; sa figure est juvénile. *Nestor* s'appuie sur un bâton en forme de béquille; la figure du vieillard est vénérable; ses cheveux et sa barbe sont blancs; l'ample manteau qui couvre son bras gauche et ses jambes

laisse la partie supérieure de son corps nue ; ses pieds sont chaussés. Il étend la main droite vers *Télémaque*, et semble l'exhorter à continuer son voyage, et à se rendre auprès de Ménélas. De chaque côté de ce groupe est une fille de Nestor, *Pisidice* et *Polycaste* (1). Celle à droite est vêtue d'une tunique et d'un ampechonium ; elle porte la main droite vers son menton. Un riche diadème orne son front. La seconde fille de Nestor, placée derrière son père, est vêtue d'une tunique talaire (2) et d'un péplus ; elle tient l'œnochoé de la main droite, et une grande phiale de la gauche. Sa tête est enveloppée d'une espèce de coiffe. Devant elle est suspendue une draperie.

R. *Télémaque* et *Pisistrate*, fils de Nestor, sont reçus par *Hélène*. La fille de Tyndare est placée au centre ; elle est vêtue d'une tunique talaire recouverte d'un péplus ; sa tête est ceinte d'une large bandelette ; dans sa main droite est l'œnochoé, et dans sa gauche la phiale. Devant elle, à gauche, est *Télémaque* en costume de voyageur, vêtu d'une chlamyde, les pieds chaussés de bottines, le pétase rejeté sur le dos, et tenant dans la main gauche deux javelots. *Pisistrate*, placé en arrière d'*Hélène*, a à peu près le même costume que le fils d'Ulysse, si ce n'est que sa tête est couverte du pétase et que ses pieds sont nus. Il tient également ment deux javelots (3).

Haut., 20 pouces.

(1) Apollod. I, 9, 9.

(2) Il serait possible que cette seconde femme fût *Eurydice* (Homer. *Odyss.* Γ, 452) ou *Anaxibie* (Apollod. *l. cit.*), épouse de *Nestor*. Polycaste, fille du roi de Pylos, devint dans la suite la femme de Télémaque. Hesiod. *ap.* Eustath. *ad Odyss.* II, p. 1796.

(3) Publié. Millingen, *Vases grecs*, pl. LV et LVI. Décrit dans mon *Cat. Durand*, n° 420. L'explication que nous avons proposée déjà, dans l'ouvrage que nous venons de citer, n'est donnée que comme une conjecture. Il est très-difficile d'assigner des noms po-

sitifs à ces sortes de scènes d'hospitalité, quand on est privé du secours des inscriptions. Un vase du même genre que celui que nous
décrivons a été publié par M. Inghirami, dans sa *Galleria Ome-
rica, Iliad.* tav. LVIII. On y voit *Priam* (Πριαμος), *Hector* et *Hé-
cube.* Cf. un vase à peint. r. décrit dans le *Bull. de l'Inst. arch.*
1834, p. 60, sur lequel on voit Πριαμο;, Εκτωρ χαλος et
Εχαϐη et un autre à peint. r. sur lequel sont représentés
Πριαμος, Ηεκτορ et Ηεχαϐε. *Musée étrusque du prince de Canino,* n° 1386.

4. SUJETS HISTORIQUES.

64 — F. 8. (*OEnochoé*). Peint. r. Vulci. — *Sapho* tient la lyre de la main gauche, et le plectrum de la droite. La poétesse est vue de face;
elle est vêtue d'une longue tunique parsemée d'é-
toiles, et d'un péplus. Sa tête est entourée d'une
large bandelette (1).

Haut. 7 pouces 10 lignes.

Décrit dans le *Cat. Durand,* n° 427.

65 — F. 15. (*Amphore panathénaïque*). Peint. r.
Vulci. — Le rhéteur *Gorgias* arrivant à Athènes.
Le vieillard à cheveux blancs est enveloppé dans
un ample tribon qui recouvre une tunique talaire;
il s'appuie sur un bâton en forme de béquille. A
sa suite marche un petit esclave punique; il est
nu; sur son épaule gauche est une chlamyde et
un paquet.

R. Un jeune Athénien, peut-être *Critias*, vêtu
du tribon, tient une bourse pour payer les leçons
du rhéteur, et s'appuie sur un bâton en forme de
béquille. Il regarde une amphore panathénaïque
placée à terre. Ce vase désigne la localité (1).

Haut. 17 pouces 7 lignes.

(1). C'est ainsi que le sujet de ce vase a été expliqué par M. Ch.

Lenormant dans mon *Cat. étrusque*, nº 155. Jamais aucune explication n'a soulevé plus de critique. M. Raoul Rochette (*Journal des Savants*, sept. 1837, p. 524, note 3.) n'y voit qu'*une pure illusion d'antiquaire*. M. Gerhard (*Archæologisches Intelligenzblatt der allgemeinen Literatur Zeitung*, Halle, Januar 1838, S. 36) eu égard au petit nombre de vases historiques connus jusqu'à ce jour, conteste vivement cette explication. Toutefois, quand les inscriptions ne viennent pas éclairer l'interprète, il ne reste que la voie des conjectures. Et pourquoi en effet, le rhéteur *Gorgias* ne pourrait-il pas paraître sur un vase, aussi bien que les poëtes *Anacréon*, *Alcée*, *Sapho*, ou les rois *Crésus* et *Arcésilas?* Certes si des inscriptions n'accompagnaient pas ces figures, on n'aurait jamais osé leur donner les noms qu'on est bien obligé d'admettre d'après les inscriptions antiques. Qui sait si un jour on ne trouvera pas un vase avec le nom de *Gorgias?* Jusque-là l'explication proposée par M. Lenormant restera dans le domaine des conjectures, comme il en est du reste d'une foule de sujets mythologiques, sur la signification desquels les interprètes n'ont pu s'accorder encore. Au reste, les peintures qui décorent cette amphore ne sont pas une de ces compositions banales, comme on en trouve un si grand nombre sur les vases; il est évident que l'artiste a voulu exprimer dans la tête du vieillard un type individuel.

______

C. VIE CIVILE.

1. MYSTÈRES ET THÉATRE.

66 — F. 16, avec couvercle. (*Amph. tyrrh.*) Peint. r. Vulci. — *L'initiation.* Le *mystagogue*, assisté de deux ministres subalternes ou de deux *époptes* (1), instruit un petit *éphèbe*. Les quatre personnages sont vêtus du tribon. Le *mystagogue* ΘRASVKLEIΔES (*rétrograde*), *Thrasyclides* s'appuie sur un bâton et lève la main droite. Le petit éphèbe ΔΙΟΛΕΝΕS (*rétrograde*), *Diogène*, est placé devant le *mystagogue* et lève la main droite,

tandis que son bras gauche est caché dans son tribon. Il écoute avec attention le discours de *Thrasyclidès*. L'épopte placé à gauche de ce groupe, et nommé **ANTIMÉNON** (*rétrograde*), *Antiménon*, s'appuie également sur un bâton et tient une fleur; le second épopte placé à droite, au-dessus duquel on lit le mot **KALOS**, *beau*, tient des deux mains la bandelette et s'appuie sur un bâton en croisant les jambes. Le *mystès* et l'*épopte* placé à droite sont couronnés de laurier. *Thrasyclidès* et *Antiménon* ont des couronnes de myrte.

R. *Bacchus*, barbu et couronné de lierre, est placé entre deux *satyres*. Le dieu détourne la tête à gauche. Son costume consiste en une tunique talaire parsemée d'étoiles, un petit manteau et une peau de panthère nouée sur la poitrine; dans sa main droite est un canthare, et dans sa gauche un grand cep de vigne garni de grappes de raisin. Les deux *satyres* sont nus et barbus; ils portent chacun une outre sur leurs épaules. Celui placé à gauche est ithyphallique et lève la main gauche; l'autre est dans une pose moins animée et lève la main droite. Une couronne de lierre entoure ses cheveux (1).

Haut., 22 pouces, y compris le couvercle.

(1) Décrit dans mon *Cat. Durand*, n° 436.

67 — F. 13. (*Canthare*). Peint. r. Basilicate. — *L'Amour hermaphrodite*, assis sur un rocher, tient un cygne sur la main droite.

R. Près d'un labrum est une femme vêtue, qui étend les deux mains pour recevoir l'eau qui sort de l'embouchure d'une fontaine au-dessus du labrum (1).

Haut., 10 pouces 6 lignes.

(1) Décrit dans le *Cat. Durand*, n° 515.

58 I. VASES PEINTS.

68 — F. 13. (*Canthare*). Peint. r. Basilicate. — L'*Amour hermaphrodite*, représenté volant; dans ses mains le miroir et le tympanum.

R. L'*Amour hermaphrodite*, assis sur un rocher; une bandelette est dans ses mains (1).

Haut., 10 pouces 3 lignes.

(2) Décrit dans le *Cat. Durand*, n° 516.

69 — F. 32. (*Oxybaphon*). Peint. j. Basilicate. — Un acteur, vêtu d'anaxyrides, danse les deux jambes jointes, de manière à ce qu'on dirait qu'on lui en a coupé une (1). Des seins proéminents, un phallus postiche et un masque barbu complètent son ajustement. Devant cet acteur est un second personnage, assis sur un siége à dossier, et vêtu d'une tunique et d'anaxyrides. Il est bossu; un masque barbu couvre sa figure. Dans sa main droite est un sac ou une bourse (θύλαχος), et dans sa gauche une lyre; ses pieds reposent sur un *hypopodium*. Un troisième personnage, la tête couverte d'un masque à barbe et cheveux blancs, est assis sur une table derrière le danseur. Il est vêtu d'anaxyrides et pince de la lyre. Dans le champ, des tablettes.

R. Deux éphèbes drapés. Dans le champ, une sphéra (2).

Haut., 9 pouces 9 lignes.

(1) Voyez le passage de Platon (*Conviv.*, p. 404, Bekk.) et la comparaison que M. Ch. Lenormant a faite de ce danseur à une jambe, avec le texte de Platon (*Quæstio cur Plato Aristophanem in Convivium induxerit*, p. 29, not.). Cet acteur rappelle aussi l'*Hermès Cyllenius* dont on peut voir l'histoire dans Servius, ad Virg. Æn. VIII, 138.

(2) Décrit dans le *Cat. Durand*, n° 670.

2. SUJETS FUNÉRAIRES.

70 — F. 35. (*Amphore apulienne*). Peint. r. et bl. Basilicate. — Un cippe près duquel sont un éphèbe et une jeune fille avec des offrandes.
— R. Deux éphèbes près d'un cippe (1).

Haut., 22 pouces 6 lignes.

(1) Décrit dans le *Cat. Durand*, n° 582.

71 — F. 35. (*Amphore apulienne*). Peint. r. et bl. Basilicate. — Sujet à peu près semblable.
R. Deux éphèbes drapés (2).

Haut., 23 pouces.

(1) Décrit dans le *Cat. Durand*, n° 583.

72 — F. 27, percé par en bas. (*Hydrie*). Peint. r. et bl. Basilicate. — Un cippe surmonté de la sphéra ; de chaque côté une femme tenant des offrandes (1).

Haut., 11 pouces 7 lignes.

(1) Décrit dans le *Cat. Durand*, n° 587.

73 — F. 27. (*Hydrie*). Peint. r. et bl. Basilicate. — Un cippe de chaque côté duquel est placée une femme tenant des offrandes.

Haut., 13 pouces 3 lignes.

(1) Décrit dans mon *Cat. Durand*, n° 588.

74 — F. 27. (*Hydrie*). Peint. r. et bl. Basilicate.
— Une *hydrie* peinte en blanc, placée sur une colonne dorique. A droite est assise une femme voilée ; à gauche est un éphèbe debout, qui tient une
fleur (1).

Haut., 12 pouces 4 lignes.

(1) Décrit dans le *Cat. Durand*, n° 589.

3. JEUX ET GUERRE.

75 — F. 8. (*OEnochoé*). Peint. n. Vulci. — Un
aurige barbu et vêtu d'une longue tunique blanche, guide un quadrige à droite. Les chevaux, lan-
cés au galop, passent devant la méta qui est colorée
en blanc (1).

Haut., 4 pouces 8 lignes.

(1) Décrit dans le *Cat. Durand*, n° 683.

76 — F. 19. (*Peliké*). Peint. r. Nola. — Un
jeune vainqueur dans les jeux, vêtu d'une tunique
courte et d'une chlamyde, tient de la main gauche une lance. Une jeune femme, peut-être *Niké
Aptéros*, fait une libation avec la phiale et tient
l'œnochoé. Un bouclier argien est posé contre un
tertre entre les deux figures. ΛΟΛΟΝ (ἄθλον)
prix et quatre autres caractères.

R. Un éphèbe drapé (1).

Haut., 8 pouces 6 lignes.

(1) Décrit dans mon *Cat. Durand*, n° 737.

77 — F. 18. (*Amphore de Nola*). Peint. r. Nola.
— Un jeune athlète entièrement nu, étend les deux
bras en avant, et tient des haltères.
R. Un pédotribe drapé (1).

Haut., 12 pouces 3 lignes.

(1) Décrit dans mon *Cat. Durand*, n° 739.

78 — F. 19. (*Peliké*). Peint. r. Nola — Un
éphèbe drapé, suivi d'un homme barbu, couvert
du tribon qui tient une lyre et un bâton en forme
de béquille.
R. Deux éphèbes drapés (1).

Haut., 11 pouces.

(1) Décrit dans mon *Cat. Durand*, n° 740.

79 — F. 29. (*Cylix*). Peint. r. Nola. — Int. Un
éphèbe qui s'habille, après les exercices gymnastiques (1).

Diam., 8 pouces 7 lignes.

(1) Décrit dans le *Cat. Durand*, n° 741.

80 — F. 19. (*Peliké*). Peint. r. Nola. — Un
éphèbe, entièrement nu, tient de la main droite un
casque; de chaque côté un pédotribe drapé appuyé sur un bâton.
R. Trois éphèbes drapés.

Haut., 10 pouces 3 lignes.

81 — F. 2. Peint. r. Vulci. — Deux personnages,
barbus et chauves, couronnés de pampres. L'un
joue de la lyre. L'autre tient un bâton noueux
et une *cylix*, et détourne la tête à gauche. Tous
deux sont vêtus de la chlaena. Leurs pieds sont

chaussés de bottines. En avant de ces deux personnages est un petit éphèbe qui danse; il est entièrement nu et couronné de myrte. **ΧΑΙΡΕ, ΧΑΙΡΕ, ΚΥΔΙΑΣ**, *salut, salut, Cydias.*

R. Deux personnages barbus, semblables à ceux de la face que nous venons de décrire, seulement ils ne sont pas chauves, et, au lieu de couronnés de pampres, leur tête est entourée d'une couronne de myrte. Du reste, leur costume ne diffère en rien des deux figures décrites plus haut. L'un tient une *cylix* et un vase F. 31 (*scyphus*), l'autre joue de la double flûte. **ΝΙΧΑΡΧΟΝ** (*sic*) **ΚΑΡΤΑ ΔΙ ΚΑΙΟΣ**, *Nicarchon est certainement juste* (1).

Haut., avec le couvercle, 14 pouces.

(1) *Cydias* est le nom du vainqueur qui a remporté le prix dans la palestre. Au revers est l'éloge de l'agonothète.

82—F. 18. (*Amphore de Nola*). Peint. n. Grande-Grèce. — Un tibicine et un éphèbe drapés, placés sur une base à trois degrés. Derrière le tibicine un brabeute placé à côté de la base.

R. Sujet à peu près semblable (1).

Haut., 10 pouces 3 lignes.

(1) Décrit dans le *Cat. Durand*, n° 754.

83 — F. 18. (*Amphore de Nola*). Peint. r. Nola. — Un petit éphèbe entièrement nu, se retourne vers un tibicine vêtu d'une longue robe orientale à manches, et enrichie de broderies.

R. Une femme tenant une phiale (1).

Haut., 12 pouces.

(1) Décrit dans le *Cat. Durand*, n° 760.

84 — F. 5. (*Cyathis*). Peint. n. Vulci. — Danse de trois éphèbes, d'un homme barbu et d'une jeune fille. Les trois éphèbes sont nus; l'un d'eux saisit la jeune fille. Celle-ci est vêtue d'une tunique talaire; elle joue de la double flûte. L'homme barbu est vêtu d'une chlamyde et joue de la lyre. Dans le champ, des ceps de vigne. A chaque extrémité un grand œil.

Haut., 5 pouces 4 lignes.

85 — F. 6. (*Lécythus*). Peint. jaunes. Grande-Grèce. — Une femme assise sur un siège à dossier; elle est revêtue d'une tunique talaire et d'un péplus; elle tient un lécythus et une pyxis ouverte. En arrière d'elle est suspendue une bandelette (1).

Haut., 11 pouces 6 lignes.

(1) Décrit dans le *Cat. Durand*, n° 780.

86 — F. 7. (*OEnochoé*). Peint. r. Vulci. — Un éphèbe coiffé du bonnet phrygien se retourne à droite. Il est armé d'une pelta, de deux javelots et d'une épée suspendue à son côté. **KAVOS HΩ ΓAIS** (*sic*), *le garçon est beau.* **OPEΨE XAI-PE**, *salut Threpsé* (1)?

Haut., 10 pouces.

(1) Les inscriptions sont en partie repeintes.

87 — F. 34. (*Kélebé*). Peint. r. Basilicate. — Combat entre un cavalier et un hoplite à pied.

R. Trois éphèbes drapés (1).

Haut., 15 pouces 6 lignes.

(1) Décrit dans le *Cat. Durand*, n° 859.

88 — F. 28. (*Cylix*). Peint. n. Vulci. — Ext. Un cavalier, vêtu d'une chlamyde blanche, est placé au milieu de six personnages, trois à droite et trois à gauche. De ces six personnages, deux paraissent être des femmes vêtues de tuniques brodées. Des quatre éphèbes qui ont tous des chlamydes, les unes de pourpre, les autres brodées, un tient une couronne; les trois autres sont armés d'épées et de massues, et semblent vouloir attaquer le cavalier. Un grand nombre d'inscriptions illisibles sont tracées près des figures (1).

R. Sujet à peu près semblable. Les éphèbes ne portent ici aucune arme; leurs gestes vifs semblent indiquer des menaces. L'un d'eux tient une couronne. Inscriptions illisibles.

Diam., 8 pouces.

(1) On peut croire que ce sont des acclamations, comme sur le vase du Cabinet de M. le comte de Pourtalès, représentant *Hercule* apportant à *Eurysthée* le sanglier d'Érymanthe. Panofka, *Cabinet Pourtalès*, pl .xii.

89 — F. 29. (*Cylix*). Peint. r. Vulci. — Ext. Un homme barbu, couché sur une cliné entre deux éphèbes. L'un des éphèbes tient un vase F. 31 (*scyphus*). L'homme barbu (*l'éraste*), tient une lyre. Dans le champ une corbeille. Aux pieds de la cliné sont posées les chaussures des personnages et plusieurs vases de formes variées.

R. Trois éphèbes couchés sur une cliné. Celui qui est à gauche tient un vase F. 31 (*scyphus*). Celui du milieu joue de la double flûte; le troisième a le bras droit replié sur la tête. Dans le champ une lyre et une corbeille. Autour de la cliné différents vases.

Int. Une femme debout près d'un autel. Elle est

vêtue d'une tunique talaire et d'un péplus; une coiffe enveloppe ses cheveux. Dans sa main droite une phiale.

Diam., 8 pouces 1 ligne.

90 — F.! 29. (*Cylix*). Peint. r. Vulci. — Ext. Un homme barbu, couché sur une cliné, pose la main droite sur sa tête. La partie inférieure de son corps est enveloppée dans un manteau. Une couronne de lierre entoure sa tête. Près de lui est une *trapèze*; dans le champ est suspendue une corbeille. **KA-VOS** (*rétrograde*), *beau*. Un grand œil et une palmette sont peints de chaque côté.

R. Un éphèbe, entièrement nu, porte des deux mains une grande amphore pointue. Une couronne de lierre entoure sa tête. De chaque côté une palmette et un œil.

Int. Un éphèbe nu, en course et tenant deux baguettes; deux haltères sont placés à terre. **HO ΓAIS KAVOS**, *le garçon est beau*.

Diam., 12 pouces 3 lignes.

91. — F. 18. (*Amphore de Nola*). Peint. r. Nola.— Scène d'hospitalité. Une jeune fille tenant la phiale reçoit un éphèbe coiffé du pétase ou de la *Causia*, chaussé de bottines et muni de deux javelots.

R. Une jeune fille drapée (1).

Haut., 12 pouces 6 lignes.

(1) Décrit dans le *Cat. Durand*, n° 869.

D. VASES AVEC ORNEMENTS ET SANS ORNEMENTS. ANIMAUX. FORMES SINGULIÈRES.

1. VASES AVEC ORNEMENTS.

92 — F. 28. (*Cylix*). Grande-Grèce. — Autour des palmettes en noir et violet.

Diam., 5 pouces 1 ligne.

93 — F. 28. (*Cylix*). Grande-Grèce. — Une autre semblable.

Diam., 5 pouces 1 ligne.

94 — F. 8. (*OEnochoé*). Grande-Grèce. Ornements en noir, et une couronne de myrte en blanc.

Haut., 11 pouces 6 lignes.

95 — F. 25. (*Amphore pointue*). Vulci. — Ce vase très-fin est décoré d'une guirlande de fleurs peinte en jaune sur fond noir, et rehaussée de violet dans quelques endroits. Les ornements sont tracés avec la plus grande délicatesse.

Haut., 5 pouces 5 lignes.

96 — Deux vases. F. 3 et F. 21. Grande-Grèce. — Terre pâle sans peintures.

Haut. de l'un, 6 pouces ; de l'autre, 4 pouces 7 lignes.

2. ANIMAUX.

97 — F. 28. (*Cylix*). Peint. n. Vulci. — Une biche entre deux panthères.
R. Le même sujet.
Diam., 7 pouces 11 lignes.

98 — F. 12. (*Aryballos*). Peint. r. Nola. — Un griffon accroupi; devant une feuille de lierre.
Haut., 4 pouces 10 lignes.

99 — F. 10. (*OEnochoé*). — Grande-Grèce. Style tyrrheno-phénicien. Trois rangs de peintures. — Premier rang supérieur. Une chouette entre deux lions.
Deuxième rang. Un lion et un bouc en regard; une panthère; un bouc et une panthère en regard; un oiseau palmipède.
Troisième rang. Une panthère et un bouc en regard; un lion; un sphinx et un lion en regard; un bouc.
Haut., 18 pouces 7 lignes.

3. FORMES SINGULIÈRES.

100 — (*Rhyton*). Nola. — Un *Pygmée* porte sur son dos une *grue* qu'il vient de tuer. Le corps de l'oiseau traîne par terre, tandis que le *Pygmée* le tient par le cou. La *grue* est colorée en blanc et le *Pygmée* en noir.
Peint. r. — Sur le col sont peintes deux jeunes filles qui accourent vers un personnage royal.

5.

devant lequel est placé un palmier. Les deux jeunes
filles sont vêtues de tuniques talaires et de péplus.
Le roi a un costume semblable ; il est barbu ; dans
sa main gauche est un long sceptre. A droite, en arrière de ces trois figures, est un second groupe composé de deux figures. C'est une jeune fille qui se
retourne vers les deux précédentes, et fait un geste
de surprise avec la main droite. Une fleur (ἕλιξ) est
dans sa gauche. Un personnage royal, barbu et
drapé, est placé près de cette jeune fille ; un sceptre est dans sa main droite.

Nous croyons voir ici les *sœurs d'Europe* qui,
effr ayées de l'enlèvement de la fille du roi, accourent vers leur père pour lui apprendre cette
dispar ition. Le *palmier* indique la localité, la
Phénic ie et *Phœnix* père d'Europe (1). Le Scoliaste d'Euripide (2) nous a conservé les noms des
sœurs d'Europe, *Phœnicé* et *Astypalé*. Le second
personnage royal sera *Agénor*, et la femme qui
tient une fleur, *Télephé* ou *Télephassa* mère d'Europe (3). On doit comparer ce sujet avec ceux de
l'enlèvement d'Orithyie, tel qu'il est figuré sur
l'amphore du Cécrops (4), et sur une amphore
d'un style parfaitement semblable du Musée de
Berlin (5). Dans les scènes, si fréquentes sur les
vases, de l'enlèvement de Thétis, ces groupes ani-
més de jeunes Néréides accourant vers leur père,
se reproduisent fréquemment (6).

(1) Hom. *Iliad.* Ξ, 321 ; Paus. VII, 4, 2.
(2) *Ad Phœn.* 5.
(3) Schol. *ad* Euripid. *l. cit.* ; cf. Apollod. III, 1, 1.
(4) Voyez mon *Cat. étrusque*, n° 105.
(5) Gerhard, *Neuerborbene antike Denkmäler*, n° 1602.
(6) Voyez les deux vases publiés par l'*Inst. arch. Mon. inéd.* I,
pl. xxxvi et xxxvii, et celui que nous avons décrit *supra*, n° 58.

101 —(*Rhyton*). Nola.— Un crocodile qui dévore

nn *Éthiopien*. Le crocodile est enduit d'une couleur jaunâtre, rehaussée de blanc dans plusieurs endroits. La forme de l'animal est peu conforme à la nature, surtout si l'on considère ses grands yeux et sa queue recourbée qui forme l'anse. L'*Éthiopien* est noir.

Peint. r. — Sur le col on voit un hoplite; son bouclier argien a pour emblème une panthère peinte en noir. Devant l'hoplite est *Niké* vêtue d'une tunique talaire et d'un péplus, et pourvue de grandes ailes. La déesse présente une phiale à l'hoplite.

R. Deux éphèbes drapés (1).

Haut., 9 pouces 2 lignes.

(1) Voyez *Bull. de l'Inst. arch.* 1829, p. 19.

102 — (*Rhyton*), forme de tête. Nola. — Ce beau rhyton offre la tête d'un *Silène ;* ses cheveux sont entourés d'une couronne de pâte peinte en blanc. La même couleur entoure les tempes et recouvre les lèvres.

Peint. r. — Sur le col est peint le combat de deux guerriers. L'un est revêtu d'une chlæna, et est armé d'un casque et d'un javelot; l'autre a un bouclier argien, un casque, une cuirasse, et un javelot. Sur le bouclier est peint un serpent.

Haut., 8 pouces 4 lignes.

103 — (*Rhyton*). Nola. — Tête de porc peinte en noir.

Peint. r. — Sur le col, près de l'anse, on voit le combat de deux *Pygmées* contre deux *grues*. Dans le premier groupe à gauche, le *Pygmée* se défend avec sa massue contre l'oiseau qui l'attaque; dans le second, la *grue* est renversée, et le *Pygmée* s'apprête à l'achever à coups de massue.

Haut., 8 pouces 7 lignes.

104 — Forme de tête de nègre surmontée d'un petit goulot, accompagné de deux anses. Vulci. — Les cheveux enduits d'une couleur rougeâtre, sont hérissés de petites pointes, pour indiquer une chevelure crépue (1).

Haut., 5 pouces.

(1) Une tête semblable se trouve décrite dans mon *Cat. Durand*, sous le n° 1235.

105 — *Lécythus* en forme de lièvre, peint en brun avec des taches noires. Vulci. — La tête est renversée en arrière; les quatre pattes sont attachées deux à deux. Sous le cou de l'animal est un goulot.

Long., 8 pouces 1 ligne.

106 — *Lécythus* en forme de lièvre accroupi, à peu près semblable à celui décrit sous le numéro précédent (1).

Long., 8 pouces 6 lignes.

(1) Décrit dans mon *Cat. Durand*, n° 1314.

107 — Forme de tête de *satyre*. (*OEnochöé*). Vulci. — Les cheveux sont crépus et peints en blanc; le visage est rouge; le goulot et l'anse noirs (1).

Haut., 7 pouces 4 lignes.

(1) Décrit dans le *Cat. Durand*, n° 1231.

108 — (*Rhyton*). Basilicate. — Tête de bélier. Peint. bl. et r. superposées. — *Méléagre* et un de ses compagnons attaquent le *sanglier de Calydon*. L'oiseau qui vole au-dessus du sanglier indique l'âme de cet animal (1).

Haut., 5 pouces.

(1) Décrit dans le *Cat. Durand*, n° 1285. Voyez un vase du

Cabinet des médailles qui représente Hercule assommant le taureau de Crète. L'âme du taureau, selon les doctrines de Zoroastre, s'envole sous la forme d'une *Sirène*.

109 — Forme de lièvre. Terre pâle. Vulci.—Au-dessous de la tête, il y a une ouverture pour introduire le liquide (1).

Long., 6 pouces 6 lignes.

(1) Décrit dans le *Cat. Durand*, n° 1313.

110 — Forme de biche accroupie. Terre pâle. Grande-Grèce. — La tête forme le couvercle (1).

Haut., 3 pouces.

(1) Décrit dans le *Cat. Durand*, n° 1315.

111 — Deux vases en forme de colombe. Vulci (1).

Haut., 5 pouces 6 lignes et 7 pouces.

(1) Décrits dans le *Cat. Durand*, n°s 1323 et 1324.

112 — Deux vases en forme de singe accroupi. Terre pâle. Grande-Grèce (1).

Haut., 3 pouces 8 lignes.

(1) Décrits dans le *Cat. Durand*, n° 1316 et 1317.

E. MÉLANGES.

113 — F. 9. Grande-Grèce. — Une tête de nègre, de profil, à droite. Ce sujet est en relief.

Diam., 3 pouces 8 lignes.

114 — F. 9. (Deux vases). Grande-Grèce. — Sujet en relief. *Bacchus* jeune assis sur une panthère. Dans la main droite un thyrse et un cep de vigne. Le même sujet également en relief, est retracé sur le second vase (1).
Diam., 4 pouces.

(1) Décrits dans le *Cat. Durand*, nᵒˢ 1335 et 1336.

115 — Forme combinée 8 et 10. (*OEnochoé*). Terre noire, fabrique étrusque. — Sur les appendices de l'anse, de chaque côté une tête en relief. Sur la panse, sept têtes de femmes de profil et en relief.
Haut., 10 pouces 10 lignes.

116 — F. 4. Terre noire, fabrique étrusque. — Un *Centaure* en face d'une chimère accroupie, suivie d'un éphèbe portant une massue. En arrière de cet éphèbe est une femme ailée qui tient des animaux par les pattes. Un second *Centaure* sur la croupe duquel monte une panthère termine cette composition qui se répète cinq fois.
Haut., 5 pouces 7 lignes.

117 — F. 4. Terre noire, fabrique étrusque. — Trois femmes s'avancent vers trois autres qui se tiennent par la main. Des trois premières celle qui vient la dernière porte des offrandes : auprès d'elle est une grue. Cinq doryphores suivent les femmes du second groupe.
Ce sujet se reproduit six fois autour de la panse. Au-dessous sont des ornements.
Haut., 5 pouces 3 lignes.

118 — F. 22. Terre noire, fabrique étrusque. —

Canthare avec des ornements imprimés en creux.

Haut., 4 pouces 10 lignes.

119 — F. 22. — Terre noire, fabrique étrusque.
— *Canthare.*

Haut., 4 pouces.

120 — Terre noire, fabrique étrusque. — Vase
noir. F. 14.

Haut., 5 pouces 2 lignes.

121 — Lampe romaine en terre cuite. — Un
éphèbe vêtu d'une tunique courte, près d'un cheval qui se câbre. C'est peut-être *Abdérus* sur le
point d'être dévoré par une des cavales de Diomède (1).

Diam., 3 pouces.

(1) Ce sujet se voit sur quelques vases peints. *Cat. étrusque,*
n° 142, et *Cat. Durand,* n° 266.

122 — Verre bleu (1).

(1) Décrit dans mon *Cat. étrusque,* n° 299.

123 — Deux petites urnes cinéraires en verre
blanc, sans anses.

II. TERRES CUITES.

—

1. VASES.

124 — *OEnochoé.* F. 8, avec cannelures (1).
Haut., 10 pouces 6 lignes.

(1) Décrit dans mon *Cat. Durand*, n° 1557.

125 — Tirelire ornée sur le devant d'une figure de la *Fortune* (1).
Haut., 4 pouces 3 lignes.

(1) Décrit dans le *Cat. Durand*, n° 1585.

2. FIGURINES.

126 — *Vénus* assise, coiffée du modius, et tenant une pomme (1).
Haut., 10 pouces.

(1) Décrit dans le *Cat. Durand*, n° 1617.

127 — *Vénus* assise sur un rocher et tenant une pomme (1).
Haut., 4 pouces 4 lignes.

(1) Décrit dans le *Cat. Durand*, n° 1618.

128 — *Vénus* debout, croise les jambes, et s'appuie sur un cippe (1).

Haut., 7 pouces 4 lignes.

(1) Décrit dans le *Cat. Durand*, n° 1620.

129 — *Vénus* assise, tient une pomme (1).

Haut., 9 pouces.

(1) Décrit dans le *Cat. Durand*, n° 1623.

130 — *Vénus* debout et nue, la tête ornée de fleurs, croise les jambes et s'appuie sur un cippe (1).

Haut., 5 pouces 9 lignes.

(1) Décrit dans le *Cat. Durand*, n° 1631.

131 — *Éros* ailé, croise les jambes et s'appuie sur un bouclier rond, posé sur un cippe (1).

Haut., 5 pouces 6 lignes.

(1) Décrit dans le *Cat. Durand*, n° 1637.

132 — L'*Amour hermaphrodite*, ailé, tient une phiale et un *thymiatérion*, posé sur un autel.

Haut., 4 pouces 10 lignes.

133 — Groupe représentant, soit l'*Amour* et *Psyché*, soit *Adonis* et *Vénus*. L'éphèbe n'a pas d'ailes, et n'est vêtu que d'une simple chlamyde. La jeune fille a une tunique talaire et un péplus; dans ses bras est une oie (1).

Haut., 5 pouces.

(1) On pourrait voir aussi dans ce groupe *Proserpine* et *Adonis*. *Hercynie*, compagne de Proserpine, était représentée dans

sou temple à Lébadée avec une oie dans ses bras. Paus. IX, 39, 2. Cf. ce que j'ai dit sur *Orcus* dans les *Nouvelles Ann.* I, p. 525 et 526. On sait d'ailleurs que les oies étaient consacrées à la déesse infernale. Voyez Raoul Rochette, *Mon. inéd.*, p. 179, note 3.

135 — Les deux *Grâces* enveloppées dans le même péplus (1).

Haut., 4 pouces 2 lignes.

(1) Nous croyons plutôt devoir reconnaître ici les deux *Grâces* que des *Arréphores* qui tiennent le péplus de Minerve, explication que nous avions proposée pour des sujets analogues représentés sur les vases. Voyez *Cat. Durand*, nᵒˢ 39 et 40. Ainsi sur un vase publié par Stackelberg (*die Gräber der Hellenen*, Taf. XV), on voit trois femmes enveloppées dans un seul péplus. Nous n'hésitons pas à reconnaître là les trois *Grâces*.

135 — *Diane* debout, croise les jambes et s'appuie sur un flambeau renversé. La déesse est vêtue d'une double tunique courte et d'un péplus. Près d'elle est un chien.

Haut., 6 pouces 10 lignes.

136 — *Cérès* assise sur un trône, tient une phiale et une scaphé remplie de fruits. Un modius couronne sa tête. Cette figurine a été trouvée à Pæstum.

Haut., 9 pouces.

137 — Deux sujets semblables. Un enfant couché sur un petit cochon (ὀρθαγόρισκος) (1).

Haut., 3 pouces.

(1) Décrits dans le *Cat. Durand*, nᵒˢ 1660 et 1661, où l'on trouvera quelques réflexions sur les sacrifices des petits cochons institués pour le rachat des enfants.

138 — Trois figurines représentant des acteurs comiques. L'un a un masque de pourceau (1). *Cab*

Haut., 3 et 4 pouces.

(1) Décrits dans le *Cat. Durand*, n°ˢ 1686, 1688 et 1689.

139 — Danseuse grotesque (1). *Cab*

Haut., 8 pouces.

(1) Décrite dans le *Cat. Durand*, n° 1690.

III. BRONZES.

1. VASES ET USTENSILES.

140 — *OEnochoé.* F. 8.
Haut., 4 pouces 1 ligne.

141 — Un *strigile.*

142 — Un *Cyathus* orné d'une tête de cygne.
Long., 6 pouces 2 lignes.

143 — F. 8. *OEnochoé* placée dans un plateau
ou phiale.
Haut. de l'œnochoé, 11 pouces 2 lignes. Diam. du plateau , 10 pouces.

144 — F. 11. *(OEnochoé).* — L'anse est ornée à
sa partie inférieure d'un guerrier renversé et
tombé à genoux qui tient son casque. Ce sujet
peut représenter *Capanée* foudroyé ou bien *Ajax.*
A la partie supérieure est une tête de bélier.
Ce vase est posé dans un plateau à une anse.
Haut. du vase, 9 pouces 3 lignes. Diam. du plateau, 9 pouces 8 lignes.

2. FIGURINES ET BUSTE.

145 — Groupe d'un homme et d'une femme appuyés l'un sur l'autre; peut-être *Vénus* et *Adonis*. La femme tient une pomme.

Ce groupe a servi de couronnement à un candélabre (1).

Haut., avec le socle, 3 pouces 4 lignes.

(1) Décrit dans mon *Cat. étrusque*, n° 283.

146 — *Mercure* debout, vêtu d'une chlæna, dans les plis de laquelle il porte des fruits. Dans sa main droite est le caducée. Un pétase ailé couvre sa tête. Les pieds du dieu sont chaussés de sandales. Un bélier et un coq sont à ses pieds (1).

Haut., 6 pouces 6 lignes.

(1) Décrit dans le *Cat. Durand*, n° 1926.

147 — Buste d'enfant d'un beau travail. Les yeux étaient rapportés et incrustés en un autre métal.

Haut., sans le piédouche de marbre, 8 pouces 7 lignes.

3. ARMES.

148 — Trophée formé par une cuirasse en bronze, d'un casque en forme de piléus, de deux fers de lance, d'un balteum, et d'une chaîne pour suspendre l'épée (1).

(1) Décrit dans le *Cat. Durand*, n° 1914.

4. CANDÉLABRES.

149 — Candélabre posant sur trois griffes de lion. Entre les quatre branches du couronnement est une figurine représentant un homme barbu et drapé, croisant les jambes et s'appuyant sur un bâton noueux (1).

Haut., 35 pouces; idem de la figurine, 3 pouces 9 lignes.

(1) Décrit dans mon *Cat. étrusque*, n° 254.

150 — Candélabre reposant sur trois griffes de lion. Entre les quatre branches qui surmontent la tige est placée une figurine représentant *Hercule* imberbe, couvert de la peau de lion et tenant sa massue sur l'épaule droite (1).

Haut., 47 pouces 6 lignes; idem de la figurine, 3 pouces 4 lignes.

(1) Décrit dans mon *Cat. étrusque*, n° 246.

151 — Candélabre reposant sur trois griffes de lion. Entre les quatre branches qui servent de couronnement, est une figurine représentant *Hercule* debout, et imberbe, vêtu de la dépouille du lion; le héros s'appuie sur sa massue (1).

Haut., 27 pouces 8 lignes; idem de la figurine, 3 pouces.

(1) Décrit dans le *Cat. Durand*, n° 1886.

152 — Candélabre posant sur trois griffes de lion. Entre les quatre branches du couronnement

est une figurine représentant un éphèbe entièrement nu (1).

Haut., 27 pouces 10 lignes; idem de la figurine, 3 pouces 6 lignes.

(1) Décrit dans le *Cat. Durand*, n° 1887.

153 — Candélabre reposant sur trois pieds de biche. Sur la tige en spirale est un chat poursuivant un coq (1).

Haut., 16 pouces 6 lignes.

(1) Décrit dans le *Cat. Durand*, n° 1894.

154 — Candélabre posant sur trois jambes humaines chaussées. La tige en spirale est supportée par une figurine représentant *Junon* voilée; une grenade est dans sa main droite; quatre colombes sont placées autour du petit plateau qui forme le couronnement de ce candélabre (1).

Haut., 18 pouces; idem de la figurine, 4 pouces 4 lignes.

(1) Décrit dans le *Cat. Durand*, n° 1897.

155 — Candélabre reposant sur trois jambes humaines. Un chat grimpe le long de la tige (1).

Haut., 17 pouces.

(1) Décrit dans le *Cat. Durand*, n° 1908.

FIN.

TABLE DES ARTISTES.

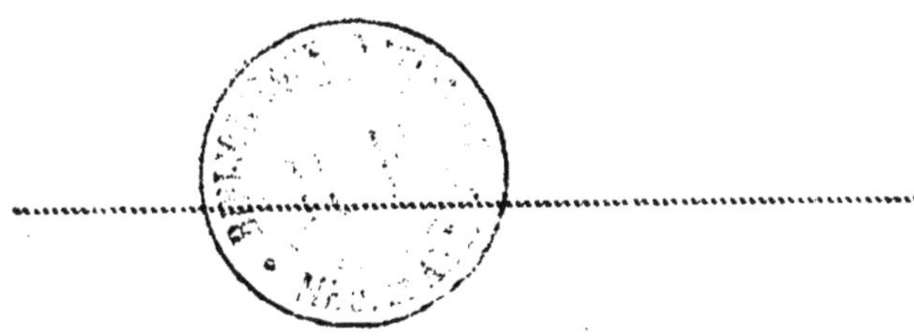

TABLE GÉNÉRALE DES MATIÈRES.

Les chiffres arabes non-précédés de la lettre p. (page) indiquent les
numéros d'ordre du Catalogue ; la lettre n. désigne les notes.

A.

F.

G.

N.

O.

Océanide. Voyez *Amphitrite.*
OEbalus, 9, n. 6.
OEnée, 51.
OEnus, 57.
Oïes consacrées à Proserpine, 133, n.
Οινος καλος, inscr. 30.
Omachus, 50.
Ολοιχρος, inscr. 50.
Omphale, remplacée par Minerve, 45, n. — ξενοχτονούση,
    45, n.
Opora, 18.
Orcus, 133, n.
Orithyie, 100.
Orphée. Voyez *Apollon.*
Ὀρθαγόρισκος, 137.
Orthrus, chien de Géryon, 38.

P.

Pæderos, fleur, 3, 53.
Palamède et Thersite, 61.
Panœtius, 19.
Παναιτιος καλος, inscr. 19.
Pandore, naissance de —, 9, n. 1,
Paphia, surnom de Vénus, 45, n.
Páris, poursuivi par Iris, 13, n.
Parthénos, surnom de Minerve, 9, n. 1.
Pasiphaé et le taureau, 24, n. — surnom de Vénus. Voyez
    Junon, *Aphrodite.*
Pédagogue des Niobides, 9.
Pélée et Thétis, 58.
Pénélope et le bouc, 24, n. — et Mercure changé en bouc,
    53.
Penthésilée et Achille, 9.
Periérès, 9, n. 6.
Persée et les Naïades, 38.
Phaëthon enlevé par Vénus, 13, n.

V.

X.

Z.

FIN DE LA TABLE DES MATIÈRES.

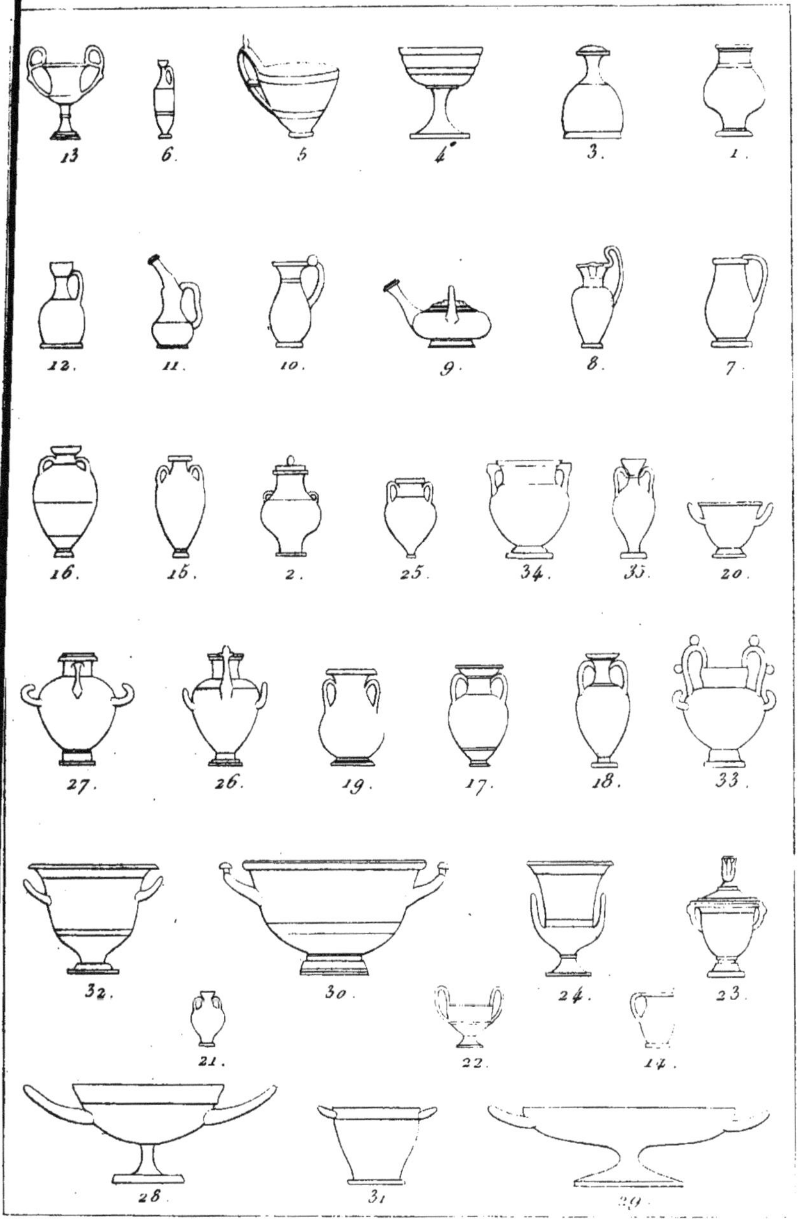

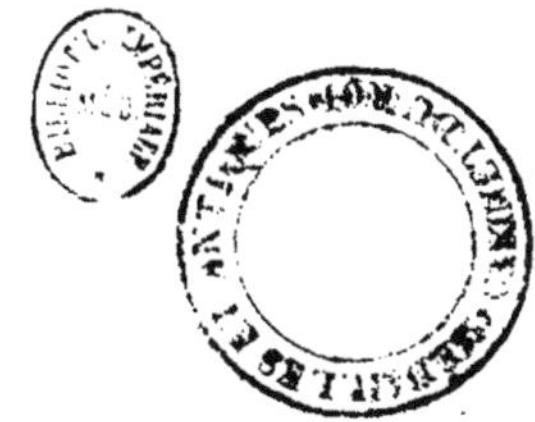

13
6
5
4
3
1
12
11
10
9
8
7
16
15
2
25
34
35
20
27
26
19
17
18
33
32
30
24
23
21
22
14
28
31
29

9 782329 400297